$$\sqrt{2}$$

ISBN: 9798371321022

Don't be √2

$$\sqrt{2}$$

+1,41421356237309504880168872420969807856967187537694807317667
97379907324784621070388503875343276415727350138462309122970249
24836055850737212644121497099935831413222665927505592755799950
50115278206057147010955997160597027453459686201472851741864088
91986095523292304843087143214508397626036279952514079896872533
96546331808829640620615258352395054745750287759961729835575220
33753185701135437460340849884716038689997069900481503054402779
03164542478230684929369186215805784631115966687130130156185689
87237235288509264861249497715421833420428568606014682472077143
58548741556570696776537200226485447015858801620758474922657226O
02085584466521458398893944370926591800311388246468157082630100
59485870400318648034219489727829064104507263688131373985525611
73220402450912277002269411275736272804957381089675040183698683
68450725799364729060762996941380475654823728997180326802474420
62926912485905218100445984215059112024944134172853147810580360
33710773091828693147101711116839165817268894197587165821521282
29518488472089694633862891562882765952635140542267653239694617
51129160240871551013515045538128756005263146801712740265396947
02403005174953188629256313851881634780015693691768818523786840
52287837629389214300655869568685964595155501644724509836896036
88732311438941557665104088391429233811320605243362948531704991
57771756228549741438999188021762430965206564211827316726257539S
94717255934637238632261482742622208671155839599926521176252698
91754098815934864008345708518147223181420407042650905653233339

1

8436457865796796519267292399875366617215982578860263363617827495994219403777753681426217738799194551397231274066898329989895386728822856378697749662519966583525776198939322845344735694794962952168891485492538904755288345260965240965428893945386466257449275563819644103169798330618520193793849400571563337205480685405758679996701213722394758214263065851322174088323829472876173936474678374319600015921888073478576172522118674904249773669292073110963697216089337086611567345853348332952546758516447107578486024636008344491148185876555542864551233142199263113325179706084365597043528564100879185007603610091594656706768836055717400767569050961367194013249356052401859991050621081635977264313806054670102935699710424251057817495310572559349844511269227803449135066375687477602831628296055324224269575345290288387684464291732827708883180870253398523381227499908123718925407264753678503048215918018861671089728692292011975998807038185433325364602110822992792930728717807998880991767417741089830608003263118164279882311715436386966170299993416161487868601804550555398691311518601038637532500455818604480407502411951843056745336836136745973744239885532851793089603738989151731958741344288178421250219169518755934443873961893145499999061075870490902608835176362247497578588583680374579311573398020999866221869499225959132764236194105921003280261498745665996888740679561673918595728886424734635858868644968223860069833526427990562831656139139425576490620651860216472630333629750756978706066068564981600927187092921531323682813569889370974165044745909605374727965244770940992412387106144705439867436473384774548191008728862221495895295911878921491798339810837882781530655623158103606486758730360145022732088293513413872276841766784369052942869849083845574457940959862607424995491680285307739893829603621335398753205091998936075139064444957684569934712763645071632791547015977335486389394232572775400382602747856741725809514163071595978498180094435603793909855901682721540345815815210049366629534488271072923966023216382382666126268305025727811694510353793715688233659322978231929860646797898640920856095581426143636310046155943325504744939759339991254195323009321753044765339647066276116617535187546462096763455873861648801988484974792640450654444896910040794211816925796857563784881498986416854994916357

14484047021033989215342377037233353115645944389703653166721949
04935188290580630740134686264167247011065346349391640714628556
79801779338144240452691370666097776387848662380033923243704741
15331872531906019165996455381157888413808433232105337674618121
78014296092832411362752540887372905129407339479433061943956936
70207942915878228349321931666411130154959469837897767434443535
93377099571349884078908508158923660700886581054709497904657229
88880892461282816013133701029080290999745647849581545614648715
51639050241985790613109345878330620026220737247167668545549990
49940857108099257599288932366154382719550057816251330381531465
77907926868500806984428479152424275441026805756321565322061885
75122511306393702536292716196825125919202521605870118959673224
42392674237344907646467273753479645988191498079317180024238554
53886038368310800779182466462754117444250018727779518164383451
46346129902076334301796855438563166772351838933666704222211093
91449302879638128398893117313084300421255501854985065294556377
66031461255909104611384768282359592477228629042642736163264585
44339287726386034314980489639736332975488592568114929683612672
58985738332164366634870234773026101061305072986115341299488087
74473111229542652751653665911730142360626525869077198217037098
10464436047722673928298741525930695620638471082740821849067372
33058743029709242899481739244078693752844010443990485208788519
14193541512900681735170306938697059004742515765524807844736214
41050162008454441222559562029847259403528019067980680983003964
53985685930458625260637797453559927747299064888745451242496076
37801086390019105809287476472075110923860595019543228160208879
62151623385216128752285180252928761832570371728574067639449098
25464422184654308806610580201584728406712630254593798906508168
57137165668594130053319703659640337667414610495637651030836613
48931094780268129355733189055197052018451503996909866315251241
16111925940552808564989319589834562331983683494880806171562439
11286631279784837197895336901527760054980551663501978555711014
05552976338412750446860464766318326611651820675012047669910987
21910444744032689436415959427921994423553718704299559240314091
71284815854386600538571358363981630945240755700932516824344168
24083619792733728252154622469615332170268299509790890345948588
78349439616204358422497397187113958927305092197054917176961600

3

4455808994278788803691694328945951472267229261248506961731 6380
9410821860045286102696547576304310256027152313969482135519 8214
0971654909731999283492567409749039229712634869341457493319 8041
7180761119639022786640759224341677624662362389131102703433 0457
6368141128321326308582239456219598086612939996201234156176 3181
7431242008901498384856048087986460839359649236651429681257 7314
3229145687168276219961182782695315749838026246517590541039 7618
1287604216386134502213262727756612441133610775195557749508 6563
6067378665062318564069912280187574178549466125327599769796 0597
7605907564891066610158384172028185304321190446577525542775 4379
8726054881736198267581686283295260789932226683602838513512 2810
5931859102864150815705631971731518313625024359041463212239 2176
6339826893682531505300598915470290953719326620734112349474 3367
8846902013904978428521634144292145895582878476693946464267 8122
1904978563635526336827805186009869924893778600239876916980 7656
6219438985443708059464333623338105874581623547560013659243 5242
6571430834655457680023708146757325254702550747637471635067 8515
9917369379325103268276062864591461820472148637037077192692 6823
6233347203792459646918105261391530862802914409654825638730 9273
0426544662929045896063751918711469345361973324789572707031 5309
3090192119919999361576500350398405406742538792752792272473 3566
7706078379113844889362613676570602636003151329520953952028 5489
7384486256134924414708607086602676349978793420875836121947 1169
9422384848259591430452810706260150896913530301772006271705 4402
0906695149152745977197059476954740952102878725578568800221 9371
7743558110793930883384558648277291008629554566141306721230 8487
4022712105868632338823741388442893815544464710575565146843 5702
9466350628938735698686883764803265195284146535173953027361 2013
7420300986739838514321900436028982698293529399414129230580 3845
6502270721681516194101144982630136490087704839848838609065 3368
5990545838952031856480414932721423908651649994316592079659 5356
9430723112911629286797517156688905439322035691293324570208 0671
9444049730494398140822782960279942454108316667592142483518 2723
8172050410392742888015562233807961475124335147310212845459 4489
9444996000752437519570116683417447490795882099517836768023 2365
1767497230148745774272599476096219843271483529861119027287 3584
9052179759083741974860267060537462315300393752123678677528 4869

21958571375542696848278363178611099336801439159059748428580545
16130230143979057016108898627779610750673332676048654929251399
78139053588227689373220494148394013556035656044214017612060513
18068919899626061848318534018362378217266375804552471962661749
25422852804571442048578342113228008528704205488992341278554812
36761537707104254469868521991122835426634999712748366076246241
82073646661712839474847328047443040334410720042872712756702795
67582429262719454580530026664899650795697781786219421720052371
65369467704195111912704624836051130289046437751148694887849615
11884147191000125588383666067720841123515355881126778957155859
04125762616010675131535802124273318710006358249545040995794072
54798900316826512373119055668291519430537084893078691974282904
90386037231160992834243171222509945471501928666487871079519951
80054633883844315481724635480244518030845273431000621371034625
73306001234973744355818096567846464153390514656919324562353140
57791936989884236471835253757580525771331120079710406831549266654
02026046806818391437827214769063242246951712863673844313983371
17615941869993466262345373452356794012416809229116360956372167
45283917099091466485073920515160560473787106154702169960746569
30979442612146925615934256494019122989514732544715181263258368
89728226283329524035970072786336460459470712417472946877570595
81573499628480995678392554742404489918870710696752425077452012
29360810574142653234724064162141033353340551104521261750359028
40374545918645047276243420717709297935401021409646450283683418
04075860810014072161924771798098596811154044644372856895928683
19777977869346415984697451339177415379048778808300220583350467
46555323028587325835157085996490686728759672950387254757087916
95547366917087012413339221484668517437066615488195293322727374
36041082542596603039869326542235052369108595126300831846755503
45975839550584035670155887977736443804818213870700344023618041
20021148372794227407873789331627081013626498289629272562445805
39713414221451109999544582142923783881026483948233951418767468
96783186286817882725558257319395181553169516450149435726310604
56949296709862520433938520782207622191003446926966334259085305
81604497802577632544893708006267787317954852985668394869467335
69630014029313141902578077581694581527252934342259051979183166
21644487517816967752767709130431573425640549229381873951108441

5

66830924911159785773327363884141850737936300263921806800194982
39666471231317190252370319905877197741000713240751920418122141
32425327294918600042008415485115474115730598721962129885416637
20877522483769485974767293301868390522500148690382610848248198
16759310777270264882620907238477529058765040326672758482521851
62310745449887588274656780949712308766144264148241579035703933
12256518933356281836185405746706380618398489466284245736564564
21390721630529552935592848775552427545595133827715001784016553
05485442285011988365575680159346450558994424849627412711869883
15804769181415679618532165716964522259459471246931995711641986
18847977891211426811643837723848363186731860756477853699930387
05466322969807567584682123028077261006969174078202479498821095
47334301126545442170195852375880785348003737247118761110008771
90355388157319225133384249477450311881194745595365336609206419
29344003507856422343292324929727084724823557671740589500126876
36008124521124487564342809465931336185643241485578079193115126
50972958916052993030771056352454514834572092245519848905889042
19806543973353757599824858037546392736537641967480626968382712
92001434956674852247241454863603621158472323173699806171993642
11363145807119883968129570561158812462058857966505622150748208
97477641770837870529242028802900440024806868125422075790594243
47046448957544023873693604740130860360759917438761563529677605
80183349308796466270711608050737610718002215525191993796200709
16138322728017731332019005978048207960758032499462238538580357
34780187138028403981200468123707909245727285765451048971703102
37054867879336437815780740076774742152803118498155769816561516
26115720204540264412993161170773312538461289367637918385370500
94206306091032540258476822203676824927947340006177512952630726
56378530973686420007766665889932845661224650730022095628772726
22278080395483403810962805764928974651843631949840261299761890
04678190927370964782787243577522066846540002468330746087835876
55890530569425749909890392204630047145720590537120913142758865
37693148040000871791384569099362998784788542177815407350517062
53205095144782206672526086204107996222703480818013800661007192
26814029197683548842439916280980361859771935889226548587281632
76905428617466323081362877649900737759932441752147677604693696
22332151759264505564525638405467004045215800754543796810384355
8

51479430922963521978522832957454572715647931850418896070128059
49229592183594937074580390321410436601637650955489445419026339
11960741100669497780246954093656281275384963236010625846536670
50765177029695130396858702367912875413588064402634238235680607
64074517611908833371209141576280565223790127356419353456526762
96244026602282454261960342283524002050329505319085320149680451
35643341034313292235896972831087395694381318094316669133905264
89148332879882762852563045120637614900045218642717111508976282
75286714663611738982858742531721659624764332384003490049629878
94870010518844941186604397391074937573495289347707396386659332
55438589993537994143840662422102268328511662511368344732896613
21052675089379483446349303527853213012782115268594298437565174
51093039924958664609423868470021535501803780001870111131519378
75401091495889080764733455002640980568321438116007514618278844
90468124814689309743000010901984320866630922513811211159948127
96367839081222437819101877799403407652740603823415053271741627
86748880857541012142866746631036108800181884354018236865322168
77504119780765258115384173656218356750130344565959365909746900
77656309515636628348639979754937563840529672328356340303159165
49588611222995999686827014284072391462300161735440831436438045
89220554110179535135588527134798493787613379107565599541452891
77701575813487576801862429222977666211542249711334173960319
67
63909350512320947616642753474388333888699979916463836750324186
32486284187846996096380827512996338173937422095347586163221630
52027035170374902985685255958141929549951765525821234731081976
63301341750815123677523151607320881829564072634764505887576136
18936187012890402679226470494967872374025813008347639756446326
33549675285749537015127100694464420624617536442894986049205218
23213384326275335198829492086490709605921654573769095951389378
99766262877086832350596409805018856981997405660054415321384073
49781540809435407596815613389643208404153151024324324765063558
24097853468115105632389804013803814849735287444290693934437338
18010901017885920564069076972639093391116136846666993180683823
46740389223672292551660244685974607635829037285294971583690637
29095033685951182387240386566803844098591359996588300622799752
91368494561705199329159949232434041372725380763684029518736981
79735366570959942204751059644075907078002039362324718238041377

9928373967358809638954739384712895062304484473247044382339025131491385944752127927146106722526835555209310140982503241041356811888934417063480181887903852437284345041399526750839074929315559489927997402060166861010605738362034369613992370502059136912224788144821970045564629606180152957267746654025224032152010626805924692941841465169269429703164474892255335681947010558607539503125748779271822019806805065513471892626509987040387239361526280911715016398391838208037107664447231125594297930841574857549712849567707689130531391519283160749372260464837412112410527404580769077499032167615319965660974300890284787922098945551403495667763293684189129282288893791392565790306170421951746426671762860073765482548949082367049041789827946948133710054375735229262593956809537167977177738428166119599319878150374402232529401665135964883989187712666676445928280724774198051183403572726301941505622270926688815100874081021630455111936897033987589916343676655245969002296639061823459922443716156818871678501955219269047700888762881701243590723842188590943230252400872836341134600247463505407631743028561032883144639525995577714162497515992886034410104753346774530437278688576119622685894813897884351225166906761879132344620772426389891117519357553675508977173608077985499293374857587940796948901185382605111362359173403913986090018722454028726512923507251346336039947797211253440796964196584329248583896153707862544624052734183729616587128099621567514167788885218201782685794750886056191761433450530724225794421504401189938032821176942753515500503593840261927124840735344805764151349209066433260871886931878391137249135429063143277314147565234427698926410729192964778315226765309633771907887021210173628892801332066553846887522709821416994745346783973061884338063688567887509348371281299459471416740210647944623047509596911213284185737450768802174200091903786114928999321369828255050439412523429387891529294488067290453371558685893911940586799267968019751929463531321204605827301365246354919747717843125514719561089448171687369595009755149090580423770550765831660455263178819159288580151410990335159992764926020916753796585654071721490272772072079533046409492679296980145647407586168417518270355419152328590131991897564442720919580664737853965474943503366098455694220541232209149476985226606686931349412846052
4

3600626191920095455959929920357663584472520888843877010984850
9614553662505648222331082774877124964592394034410384880456557
20915372083692370422039030816692153443365555296591477375952079
45959705914921302438333795709374716303640945224011982545503754
39726080376366587365259895269116799601027835888111571584115744
79474035286890009482413391845137805999225189847359411654219009
43669850291800726152708954832476910790547502395766594197888184
41052018288716411670528264469474464709886880658944170090145701
73959237988806312013429508341441096700460069706630113988380654
41035959036385428890533959794761355553930923535001022746402573
99654926031871210054395169315102736251469580843669483749113385
31532378042624794961776929562250613257826661658752817061548468
81784460491851585002235785076884446778740147504422625751017364
86183263373253354192130963105322132562419461409302789335825311
73554831218618818580827449664258680454578880416040961000384987
33107556338903472441880147049601445215464446352768745300463429
37046578746123041142858413931547069644559886270234135533696146
88941305795243448285788138429131334004443882694562774572044648
92750371889600250214810243226623247446675922220957579680398758
33011880941234859410553979311501661498241094773404559447736214
07298190673422712213298282018935518148071161293604753935451916
44885191976819894324688266584699908103487433057154252114898292
49406413520486993317085243654602908006502421529859811925120962
83326807672528014292426381066209220067162423905353942877575007
91358700376806504069329046236701998064642381662780745584542797
28136364961281560063361281911718077749857212849096540456380602
52797929001411671808882167276232695731445299537909359996357201
95691053823183323228796036615493435619556357778872038051407147
02862748666577272849638060682090874337475577893122071661832909
97968077406958305455058169463910538025471298095019164059177292
14706120537973758318816904034573730892287048764298832763431061
56560414235310211126077177930873317131713383405539907714874603
98786341001815489430602127641451753685567812410487627891844598
64887507256919070705612618906511541537434331704771073512089749
66458587123232606122776764880174190417053262190112929941342406
85947797064845451230432700362044446030700191145041542081272865
85326598625965834129193187433746814254099198919080093257152259
502

9

56975763625837854206876078753364238902453524223147811695030742
29968826623618943797546343148694047370546602205236585352243349
18934149537318546177563908506301498059307441312721443060968681
21549167999336020911246342068160464235634526699224710694338071
39751076567042296090608300021464567607566954478223374203012231
36385365488118968676221196569610683809556811074161682888729148
97089291727202031664475298155649165099329642475935553094342723
47352556742335888541040816256180838589675924812967581788580374
31437644805102257548414551956003095448415378317598122227808362
61003829621913668746990601355910987901789394509507080084701971
03009496348567312617653779069636653423847839475100609198023662
24025837916677336598186209690123704855441788330817432241527096
18583973205487774714196202102091912200354193993755848965796596
77748796664983373844644628849232209159662520817710945518557849
19342249039112644016254035341529185960627844258497990753765035
11436623012687450387484181980800217351152127310554254895445643
05352174412647603739881432392237995520803725631538278957675603
26953415371316228684223119907173662715925216680950257599135536
80411403143637492857050001618258980705687363948032236140460401
14806234062268309640850645651849478620873085379933150826863834
55929918002956502600712905221346145142591683238499736379295324
16676726366084513932912700528134634265444592028824614276217753
75422965611776774352683633779277270530866888712035447876784560
74403451818739133581638413567183639815500757116010247023062209
13618021304133261781624175122446212690513758760331529783229668
81927980317206140924273036239009838514870083607798140381143984
92015100688229636700554973943285334706986769952794008280800408
87151019376746773088292096077414289492431907659952326954148087
38635323778805420822372563677537066731473034968639707048980312
45446088106656204930116583699242859143171957326639117940460873
35417041038747767656843417541651961987492489250742089376014119
44240296394254176301656047295676613344991906936807335516585031
50396913387483435296368054125218883032166460594553739445123752
17839746535033276728569491819398825995286097569880061191625687
32923062305856741898538380455708093583779146285862468723110259
94015876757690831677174283925303011600838846048071478361609641
71559454639922182910492796922925111279379566401338199116350696

10

3539326360985956462057610408705683800302694519711248638118533
7891098140224052458392216045634521122174170104056797330753958 4
6470584747549604432233426300669210577767005747717924479033884 1
7399895395625218314754341828854229277388521031765033181685116 4
2398484245909066856408486471222753472917600277208709111991625 3
5365232073041274034572811430767907488354350043217248710670333 1
2039256058908763836947478428601451134482256881522505295704764 4
1145769813803859119271335634955178084147363210776806156756794 2
7987637155964034837628444053251043346237257981152490578554545 5
4452128459612304154962148839747200361422992055663045249896473 6
5828018945143047860790847927831976949691073126310983048563350 6
7955213674594527406378300013912512064260192473433075238519776 0
0345083075542671038439897795080702918698409431888452283895341 0
4745800831025593432233326837667291509223364131596765312061158 7
4584959884815054424243284316840728675124303432065817733985334 0
8669746044667571456675222004330063396653272711639216282843359 3
6391597053560535146139148456846240048462693520906354536685148 5
4973445950221749129562168205343471694589030666501122399537392 5
0769149599980731164875683223107356012908889074480041139114929 3
6466067954282677357899960171447474782259719736910220617662974 7
9633594138205086538353669131708910097586293229823455852188097 7
1609131415612283794230140742857517219609708392468807241064334 6
6382037888019429996892334057743994558718772167194941217397842 4
8455511242394951082313341900954980974944116854469271268104643 6
7629794951628949214864249196131714911299164723580230000506478 4
4611081191444911581229976463342447099617414852944517582991415 7
1313728817449786634669798346830633772269462112024544203490573 6
7761082493287387912706838889328012987679170081110139014998227 2
4475459424814219503645301778419933971029278097100317280048051 2
4074551549732750486803723990135843376691273055995713282062188 1
5992141130876955806638951579665775394244413241315371071369661 3
8173470057448274546002818512219488109409909320308369628663945 6
5967627501248115050908950145078579531647113835352367831505194 4
2462603033024233866607777623963532367792520543070107281417908 99
6345847694198785104928828504633007622235900139196301577195048 2
6367359336404549112258621982298835505646112004300905203310069 6
9844471423510531407150427637329991583440686986367533351079658 9

11

21179232619884213541214952878833669486524486147483513338067666
14073993972117117425807701477617341316035580252600506134605099
45144948081151767592226583224350669016507085869693016644078294
76134100953558555025559733951011097129829414168133162909129971
66393978677025389558919147940326682699991849349352114564167382
59128224462604746869983410026893570871698215899513144726246744
35142671224348360464877244577905302925494885818976837409053632
70069003593581538188328074082813302203650906064911027884819719
16313409029674768726794857081984998214627359025242435180332517
94029613213416361860160670646726579833801692963268988520060136
26012730812272157483534506894383494122935439024253757527693524
27853988629083949264597885249690631090163680953204113385204669
63037354159339352275611976274730671323084914276213000530951932
31288414895541068061674064879931162881972434099673760093836031
98095622927512337341953004227167526574854247482946033738650386
67525655809964547552269265897588852563853292193801975692542773
496925611476888086411726702213493152855114221157052005896966663
80520381045146922300179526074073867465956284014582927936380990
04324083574265721606100589276934909467829254643104382358817121
53416395794282917217936240819776881989901997873314036121857968
06586358368146535589557381878378792100253242080165674198325264
39504211082153922017378503914351674199577152156214636359058908
55285566097475552854234030326468862317166327230631411325306588
36132917768075432140462636888275944716143389283269025997050182
30149037097799114932182970034345553862403942080577861275758494
15156825642208045323007930901911661535434782211794369044850125
88846202869808968146546173497378315547892104262894483905068544
12032720652374931405325170693575800090799417928559317281056994
37643941269466493457090248072223606251713359488442890486187912
56901451367064592350923125630083621154956986427428229832980495
18500422796155220772188169501772040152352682132562384768196467
94650831075753170392260855614693319107682836365658528506686770
87733147996467085762627546602962716763075931898435733867096570
17379322828234819216178187700704734967289663187703448331207245
74590213487958256049482718461476580841721149994685480368165473
70557391190005978900210343774692794687907618598689709904669070
28633273646321478565924562227186274617896242617308191565710953

12

78088790621013763456255345542787249857645111051479264218160233
66714189801397007129729868732828221618638416311291390879371441
00443787731724496829823520214297586440824917781147307608372773
51515304536922595690891630329022499883027293104164006492014028
22532888759027931308577656237655465764994184642671036986917070
59191385989330859375437465778744024340421767226124563578400296
68745472450723789377260484172953753114924961186297590821985464
52996215917898722033286086558998137112475096330473097228065060
25812936326292023721769898118542181621497036652310506492195857
61363407227297346446752747385236677803974225626527428873816339
62791523444894750071035704323055086330738705595047097042231123
76212193195753906049935667463010742768459394995465955497215492
09431431360022852655133088268256844678367207086930272733332654
31409369597997747572516486560938890159749662047721353072312577
63956628276229011536678104435642683552059590327320411019415910
62313224980121075141619321442104168538720916349784817562178617
76222889010586714799410601577635093648454101547200356110542300
18763937194623790529515391264554194110993008012824631428083660
35865498594382415741276615019556596477471231145521988678134484
24436407385452835140964712634742696037061756106538827586793863
58840853677488804217287683154379103824027241641035107695806918
60549061336294668741293179916557774775664852417361469670995689
73162555131507152637731913171751698949783240168687148831366978
11581823263858229726978780242878221212956988162336800338798433
52183322680767487176431408751324746234052349879184847668268295
61643892879403896770647876728358810966064816253158242438591594
35782345293357976186094427931333034229636773288211480125160663
24362292892965570524145729258190733355159023087111957026902387
01955445597233943658128690311432945812501425188456939677683514
95544304760263639819242301130991366073869109948189167016589185
35224610165524399123034154691509650613337574536443198759207334
82383904361814523000416285624017898966187299324335923789127925
66089494158767347055514907207076116717309650735136469265388838
63019930030541130154220297873483229683717362289165329531827179
97734184242307350056049870631613788370054717412635796079440530
17421388274666841182223432316941260940148952498752673948639048
90764212721169711722001376013590455819175168779717618660293497

25071038827436115701410664457810510013506735069128481710324913
32955147210296826657293583776007765852714067357182341860915761
90979074852627061960974327839744062195281371868901178670869015
79001550506192236057144573970604185874399631882257735458709134
62797275607689128567486103705909806113218760450487421727969853
12160568894934224324078228305238271344062958369171976697184275
80519721871957758934908246303617621710122858719136163784785719
67611839247982544888914466805290578520986447819893689290787324
80501714397606548833506889116194809729552395960841262628560342
74377580105813234572464882966085721659274156356281496410080495
42568175679647680105488894332678010486404657242916975240245985
79943231020276941986194545670508140448615912446109549533985036
18189226747004472411992228086641553833899651784039232791963803
29340906520064147404766509177115909907080882041043461348366188
74309123514878956003809594186791967316693219121047834208947318
43488571328563614408034403738673747949939076522596300233780725
62010816728437740947482044301637221319539280890723654306664009
28276985103383216798330940406099575230599049471231939871959905
16312657257226178964656747704253871325106435309745832309708410
73311898120144764645779142357324887643197112582710297987526334
28433557953569922565057949092308669377002790666364522037314515
74965614816261858852856681064020472014243322221389808233524340
00262572181049237237342933520854088533181454180287778125463001
93655794914844279995302944114717516708188644421670702339168878
34280218966732882165158030651159881691561370913180450124812618
33398057451020283579255536354601188115754159547114922870847335
88506894270851782401173859755863039336633293014366889974210231
73457966585157115595919695338704075207973733306288085268431249
17431727930361698319604976090563017785959731984177147632175931
49254047139818123440834186906073310730687022813300545166813707
99908798908963195462023439931872479956437123257674189166316415
20305278194069574048089437747208545199695746253535088240456185
25595710802174359712670506940254642115327391404348174935823444
60288491903529717034361862714965822337717810421989353351063663
16511744501656381651924049615625150745686112358169929161323949
34719059317347770401368466280509806833753701877215170517889103
54822136744744507147985432589265397179154182200674651520853969

8698557357884979377970446007658652551169634245157042829345520l
4699955648618896440313524095881591474720300214138468364419662O
7681772331031791788705288459819325187110599135035253017984877Z
28557932864874751011939540515033761527901049108075980422869140
0393319028263349547295323420601927809493799847565270984159l07З
85233884180781423770536990134871607432113148850945467393627487
97656294224381737690756304188919928601138564573088018861331632
92409749710007084635194820791845407663433510275700401161940116
22716103906572667405672256009559428943731864738247050130431656
66613045146460593711233555171795797372241171206870206353521915
20265278490274075110262653430433157544368810706128378128447325
01052153518010772445277458385730783648224018800322616203232907
20832980976938366868580006997351874739720295919466902345064367
55781023849929697274553414183060934498993121577722419060268006
23570674269249772226120743789058476111060257666158745586875622
58255003573408992374904208809926818262714850464031029904386704
97613047782813172983754347584685622855153168957774694638700640
37754926243703710129095432705433160333728289782255475444444227
00755977937437129782536556359922897695815966168057019631466828
04196937626574953203675839501672507155707565000626907076167904
22965605952710360566741912039358481154279888794065527558958744
55272409249812677472747145230893884341800738900872433775964700
98193649552254507344155227520984329340191417154149833092888100
63694274547281280789229402486723336101369756372840819922663761
85468223651936176349764784513747375661696762885578917066708225
11710109432328821940163517528793887363495462611366056265392198
77015044180646644716784170484103012500577844094006298771448112
18753423255881987577865212892547037533552332639692560488515819
97712443529685525012576800575465133654716053029919282591302156
10309005059944873590785730383495571350930663153180517931158961
86776254708775471159088137303634557206185771512410515027356438
95563727276609900121463749378365699843697242034171875418009866
48213183612968672516761496296664564669348778549236775986272015
76284169225106245655339437491741311858092268571381558216589445
00202706375824312115684562967095555271529098565312333672562403
36441979645063736522520823642708484502822307474084993075376292
18713608335159519392021918619267119370135812521248482279195221

61514397190873705058300125943547914250503856428918542436153167
13053475848979939510346687138762262362372538548677556900174675
43782794662973938677387494564004319620658169599708320707766503
21208556353741575758825583129297837718215123197859910442086339
62927307646088593993032873430661030778989234534533196297244687
31550285874754010770411955161031708757116292144663557254973801
29923886377056894155761254670978243799133333779648737360121612
13902941507629441970311220004144089656360853166155685229523073
29161301841522081127121122773414497997042267511455668951028081
28005826349973418894179723636605439077775016479075495142801258
17646962364117033609865560475961247925538624995714282292955679
69274626088473246103632207502366947125556655286937197522969410
77821627776214571985467528781914519203081164542918836892738872 6
19023775795587728491178355064181775413505305997916909793969792
45654008791081455139845839676614557724568939555315073946669653
50265099668502714430512629310979980795203532996430024446342802
40274736843076796953319491804234456810156311992894834398460468
68987274224217781494938860501475488673799709397349818529135253
38301453151828796086459952326988283347100236401838291725278341
27373864066624580214872775642897229954406059751357700198699162
84725549700160711820245789679681585646573142622248775436694765
19463693836506566789343062392326668275111275772430334941335651
36919910555924137821447568818578178007718654878018422214932239
06182413560177994219991753876511615785766151551010278024628057
41316233726642812613900156212662619223003712152333794076607281
81199739784124878078628047298417290961791195049005452747884289
14746834379395374097800723955055142923905245349491369602203139
17531092117398384927473343632030950911822555561599146928761124
66304765633640505213604284701453642283852720675587896907904053
86115281275577337547198322032330989761192764007598728046318221
14987314292008136703491086726569396915742534345070213579000070
03169688636802730059576357523916011495500211787104258719712880
92223059057434578858610124824766473038585611103177984514356594
16239682506612220734704433659690571495163939290724188904597156
50434051148082481021570543725143364204822304461750821365566946
82188453972730626390361218318903627539765601369139700528415697
34854919035023490451602585364379385478817639655917963803486228

9387135330961550874185741074610968818066675350705601826447151897479846866039110027626803807308177854783850966362450472713878970254053642999642113142336198321997954091365760000393375079861518000175643580478329033283471843561266708710954866363043225866343793454780051780011756166014492176528084010101440369775459722443768278944292549208167967776464719721725754514779707521186309842451008786013265143164898779994785494387355325437902478672802584836151040269444245515632360113936842246250985153209947647044856051262599391370918970585238623563756269285523108189632688067528949366859979318460413423768444033369018492274688560839119561696958764012904305116281278217052069724527795495040957616193335988598572277102102887149373490806249597738391376663392833018406787537916202101264711177403097708793022210894688393729548189390985443770850141835818299180830577451506477626045054199477478215846428131834997179215831920559112841404861614526936595586185546484449356468890778147816995812301121896525935168313311214234045364638821135032889698752484057160449107708677780217818261313638339939016357745675651332980295479827611198643211635874401406546299356184071002157756816429957140640129590690176843332764306323208521708535573588656929687788758964548217388433554090316620605130443493937571122796552754857412076479861502407657146581984436621911838256264852056433657469013504258098576677812405201929011471309971049219531148375087445721543653384057927742629193204580131371720204071244866318999472138962337654589983736276158735781585360331422708445979280504240069345984304263008366629685326178640457218731924466996386964545866800081345073365948030124232623121337863751620431111341162382111197830695519589140271878765926496016168578884762220747615320771939529602251402062408217328433783935142338380176783942522834838854342092240771056109589184573768385285756152667323588859209474749364317856507055312986679911931759986589920928919217816175752021136527861147678257518398029214082039000127607289768586008117523198022115351229408765742977463686709303015333540425058764197105086863265258023334362330493915512016776713266592748880724796461895063457142675690031076577924037401837936507841351136255895490812622944168872866145839837620864080410509153653122798204347981903510116881290149529812782934061335597207838718328340881917

60159299992991210960330733737121690246416364463048748819684645
64757094641689688460871409599119519973254965726406483843922572
25841251191876993962293145320164109508896385206491579931148540
22805815502411792615598873255848785131726051443024257260694758
82436481259595559154046530236298407899635380770765094855851 6135
35414679257010574996313998691237197890426547915624261401000799
48238324894177827722718827406528362913920182332815788581450335
18522318538874421508888669101204815843705409204691110 27400170
27840870270648579984497815875976930580543945874780544831924420
19774444921017008841840242936113195373326188852341424174062136
82357180373988155185695942497362734412808745922457487682418439
22281666922754159485500804945138226872679036285024165606598280
51077414606405000548487848781941824232148466781223116905632302
81722262857575946307593532477265942060542960523988692857374789
30791689883700786644673905057665380532970997787311691372019002
76592261885341674869152033639485876467762884926940994952887159
08780627806987802906139433747600048361453496032824189890282094
52071652477860092494858711088606578303490682361151831745870286
62047035907000718182229896176161045205521220830504294828027866
45547333041418294918179647407872227409447128655909107702357938
70419343965711763981889595944792196292473840238417170401560069
95703565457504501329338678787135164303162436440197892815031937
48012171922328279894902604435212202101318761466736804703332629
66195861544927633524872579684301440136622280872421887991036563
09680288669555722665160482596191386140743410541767950570470955
31565276740478324459215141358681974417356115983458320840843449
07750814255803855761152992014799823106094806549578398107791069
96852653439537079819131132382693111178709750863180461747154466
62353497595612344038068630107988627673813829107773359239847810
54809303698335134666601107313832505289766868774592093583817647
16564126415177273196529891221736995697056210322450385837543452
77187783154676505504468577493195564724037411806028519235620471 0
92580936470766384550283280675503302045862495677594044142652536
94149499720828999945842683770717912151931196093401242290164858
81974963474119047740088853511241709157592591227191220002359503
86050904234324610509462259337272621341393843675364692759959541
05298400010884132644471747645201232827362175898921411939999469

4844136951436961976384273325628523252921951898917284524312 3852
2542977108925087603397803704853344877955831559366732103471 8897
3299845388011947388133655725242975193442870072001448859671 2955
3680412748230593461189971788069173854467145770011536961231 6180
5950978178341533990013984814553540993774049924269951968618 3269
9269946325537155869228761860506060507061840734000563675275 3348
8603674202347515637368970388674310820986699404969050266947 9231
4736407871158581055060384625155632352632402825455648345993 3185
5876612297669814567419544451069068664115283619163749142296 2584
5674025167829332444571393554384836295200022162297372847238 0783
9531254769532969784122467647668977505037787079545850994657 3476
6105959282648479162127265147333714974786068724874656468457 9965
1682381804748620863939970211438400362403127695315013453253 1865
7440819407281362545257356887722602317602444205453783665047 2173
5640057712508300954139490386351574956433805173257869964789 3272
9971949602626450335988784177035733030002343206549165036608 3213
8193352887801404433187714611296129994959743894739563534489 5104
9478489768312961734496506525968406089249347647708994207282 0270
1461487196980741329150056819716009787213033230936449111778 1934
7440902152719440173702332500773970247069591851387676514475 4537
5907964667893301687759721489190304416223564578197194882215 2654
0748384121785491795152429488278402012107708165585019139828 7252
7656759806989451550024229317490320650262702183681165804484 4764
5089731741413671459208326173540401236700828514142473989285 5067
5383343107753066552631684379041994424741780930260210003173 2945
3940851262790887632294331938003422657464484102189646773557 017
8137036061937548335258590498838703303841963767954484836791 400
1803816374728481680076766475494039497239686539022479402421 5404
5389002702761696728887124278579479523840375177731466083373 3946
3023876729355175445149772124385592746637673694393964857066 1929
8086379956710744012585026965630458930787880532438866673038 1407
5497341171965604222028796337791821022880532096736815097518 9952
0891106599866988852635308376193021574689011537668608996794 7040
9418062656550135286874081599388612032203011159406118244639 9300
4826560945611703591077627962533041737481278790518083618546 0529
8555896292320009007305425858386832568575339513259107804924 2117
6804152483135188747160476658866969164308104819396613933602 3890

61947597559949774851087586679615407585727814193721620311188724
91060558640461609998177117206728819948075157692716289296430078
62934601446714418560008931480844500959672310385304161504986804
48061658397971688694173936467841076744044868779690120070321004
28273744747962118353262324320473580788806327282315854970470827
24971877214745215504008594260404510912088373432529152926532479
59604257313856358868322807014003026408061288006000889864191633
90599824486821871909649398489923383014947101750804969268888243
79178670615759344649442616472571866238287613990869687156073082
85652128059571847987956018311977383027055992317882344038451460
23540722630070457872485269849089415260947595830337752239347678
75274104420437065612609371413726549880470673824939312379118652
59512468358280447735099458072922393113097279398739236181263194
30964818985368599448200111532618422290662747265405917736257054
33761085381247442200491249632733186958760096568931154532359221
38887682882454580651675358447270195928193480550637295523133903
31134076734742341539035779578290745238910940129926798717984116
98623419548183057020626582248467852422524369020135797576596623
70519519983105981125330441943701707085409517797207100319032102
54539840099570709425034951507468568259804881471790131954374932
94399761098025368238696911921186015299676513178634812953731989
72409330675656095592474114352196067069055692053610448424476938
42411073401142783167003020030157202292510486932350616887879889
69301675060274646004080375056756535803338066107458990020233373
74029907018990202860576375123264721864241253740243491089281496
60981678088535652539378500547619678255134519302429379336581191
01886946363849445012294396359384398370881217563652996761776075
43192595497571819635243307304775453352849617479851545256806080
59761652232673516453192503261856376179554319316605136671690560
27137983054868737838614958230647405707900055095614094148846646
89251675490208805662484850454827892437607106961006817803370171
85337794054569677260824770460813309352748103701270294773274892
74967622163267185884772368074416620126647917396977166943779859
70068268736453861700449023575928637530357017954037549167316496
01332586868744575670318965756758128478162731818449562027427534
71149364542573327681432438939484704170121614743916434295703517
45500649233927318975318544221641712996942522802329300444258957

7706722997943828242301565275899905088901270972491725795179603430027908759536936374942315788139099243210459633657286189410039768953962504579309721764800839180643341684234559596063605140764089546204553894014532820227843158604855652349218114981875538424592727281309680573529074434238642206736990524998691546326935925892108869764363665395304331693696401772869937471319914219466699018819669792950735262617866098057884586476483082271411982204457487552008295967208395369651934730481452865444941028203353655824206922079114652126512379567325304406442379543348217725964010450405521529590523711128397461803488849033903261962295634058432172662590918724380437455539372795420118161642964069912361389114670508400459697696403741149670733801358046940853657779263093087979213646549850383868378411454158437699106127814756402920115846953068139869845322896101687932634783388768896939535265794273987795474707827354512094870210615857573511602368001280343705572556256281363190121796812229292691189180211417209277529969265604100823311934472197666118413736995207824595911690689901930770920699488144034361405074582968281258752782726399455138641362920808716881307068633383308545478696055836034327404712994170828645179042564433509448476457431123170481780364520770240877473374926310431750786013316936713012735701085976924721666573430104443390579774265692055847804098181084077333361400205163339811243195848178198613395238039749932769835902219697046599303645511096982361368457149681409307152631849378259981167194607749171593331736955186910401623812744787814446790995984509901053973220330122354397452852806408067098883868408351718184902111978975948367250968429392800476494546537946975983859111398233901221938668914920108153577655224985657030940585193956819971716913535798408442670865407506989888338481665595489766925006714758544033539618451644357487408115325880692324094715554442231033795113769567046232793922500077060251195800194298864421164216203293140770529395454392506918101475025262312875938399069835945699084816738409395505924940605848447018372246732065910290945366394074141053343040514502750499462644329951627531939749277236991857180243250799244045555336978233413544326413425602063534300103899816042902921755320543225046500291943416861404988785866881192070395289531934433348717682417009989628593525424024107011846217659417

5226813683081883176520048738575802966101797108954912757094704648975912963900725466718834214760513016782640340914712012560259883751324333584413169717176741562985947845807788511446425505916027270056819211136626966281255355834033168785554690277465857335908166154219525136617431200632937942060130654301758259823946895649464811654505539062446272540652547947952021970141878004291135785004149969035350462881418030551447044991750315019566005881121278333449674732012444803234480241539376810967448245824131204859079268141459740666734468503061027747831604165568762278524687505888251713618525648472242796042859547021047381329885796453540535760369731588936841916536903202305736836086700426790936242379678453175632120514922513764781561741694561041654124383759487399093159274475983235059737495676813110547184727935416651539557948203628967877348579762975450254418015593589085438984422260304864012431803963837888527677337019206290284545159702558120250436100600111253194442687901677263732278584160071993391318559940907431079541859326219946389317600122799053789341926503601368160546856432955036019573379990168633899752889372723421575450157046976972020515213529373629524296888274814125204811665070851369292080379563251425669087802563432342958743340388213616749678640415576749446760260528204128928796284828575875234107180559357036653043234913120907959410635700843503421942262764947836564078696980855454208174012078588288482105661402173027355227706688850078104112154804616141784997416535250493613579477662278471598612476476004722896013094150990916624672218491889743446712159743722332549929604977072630213917306544172980279598034908408396868915861769399585803474070986055285342540375073509629284560370586068684049519423181697170761556710458451724136192220264305375402844311919382804833653192149332092207254728250658040425210169673596265049665107341958674568879671748841821393261711657936293133703877565215890879245276235873420242542314015244933460316227830824270117378514539904213333472250867701672435729912265280393872571240323092222953796829646421621278521537960113662730309407884495890577035665277929380636468213611776929495190220013467391980977902730034828611981348454637791277238928661419785203027165836389215389038536649487612377064570323025580286192958672350328262768889772610126574774949448082657117472397475

6280525518589825672298259283222313873588459157106065856948550588358744321690464548886033413348131066118488250000701606405133755231889537465046094799207300082263935640931044279574906637801196453960794266006269733429252461764386004407217669508649692683910010884208965210974673506346859622655832839125235456452729877662007622203714877325370704001555288259701022752801596943408996250679537235477539996959101123697585691772029656736106129758080507738874803378381619044645006748305613803852782136034745596011810127885279555848742099570997532337998426996954892090174196616941824986930484000101744767276546513339657430642198365336599628086516296860350015897647564510877620726829637388670207028515396419092401614282365516240296506535725876651924647115358108712955393398540699410330023306345798553106552368966113255923134596483291185676723039876588976877497018479899760512188132346326165330263812386365977796740332181966505409612370632937163937970982730985807102325720127774663500897599751048806023835276507737923092944178053333227277965774311985840122566824188021920896283199639300360384111467133696976928839344849126026434890656562258660577543050872909959142113234247415745217210997264898073688901701324718883512120882963963706121477926612300550517102984556687929863820630160989731040063376708390805125450369014938043791082485082815944360135847458409296255871518412176344101973200445537191292154888271603033171007058880968600777417400455334480007907611334720819692352736407132385274587098196726475975122369254394424775988902920962240003689592834273016808294810822831019859702823763908002086912033595889718026402084719243016935473303654146189624003170811373922308560167350562629241464628933862050330552200979538959383536318097955977086883635701268703145319801812062545164100651181216908335215067949416451730403959572046800267295058902551514186546611384065682137273800928442672589277614758214321590838381083256882000277715553489437476713022514195060103892138963956690293131488923991426858415999174282668273054039774514283189526462293667144844957386402914676122977500181046172795906506575651332763810166190478175866445665769521486501876856102642541973112641005453293006839767470731333635918442913142298941080344353606564566358294048504873317098232401727114474897277035956819063202911821042326165059556578

23

21333235466544828843590617666057905886142488133463577650590414
66892885776440329177042461715391943797856251580795148477966947
48214023307467846413978466283542503862354863099264348041029444
56735296987604609063817809653069826903867344408835380167199393
68920779404685751838151236544728684016704027075884547372561953
24341344852609903557102065058679085191379715862144953984984023
50041123635368078381302750691815461735738247624757608321009623
63685586976297787009534556587139739863244630913294204273696242
53502348789753435519328147856583612648324980921965225169482266
59831115983502291691319168500767272203713642274079617997881037
12048285960031433268431416844696125836521370349961702947067338
35294921938432556320778596501459321759304992315735811171620299
01810116080291259736532699748993578117890926453937695106960835
63696466690863213326136941880295444272595703675842780334963440
15741367670648152091474233781810133042094774796030312819142454
92488931706073435123341575415823991861915009487681270693664076
93256848703525658962619484927155667168903936579822601700065186
18441565938121779857173558044091560759868291572597522272053934
40982101817789122843068592282949069589653369796636933509675093
56641681005301021805899184428308454417751614746804142896154454
39523290901058000930943652599108011971400235183945133961213496
41381946888980019761200714423284974551915971352136717259079743
10079925677786269310582770500792732805721913026425862762543822
64472563983175796721606087377227070002113836344704268362757808
64913835914402751480434592898122034547973385301745180364729483
48418089340890975449230622418396212568707815284887155951992949
16557704282521929636283500562332956753409843377598204305517274
71439465633616787527407428762750431745454457020402401252976164
43664977189331182357443858658311531489950580802950206764435359
44851168127914081399665787322988493182139992382890184533729456
52410348441434556407827131462559475948024849358397924242341648
18170162108562951085686086285448829806466118341936588645763210
99041687120290693249666348204159916898664379808484400314134232
21721816588472601324356712558524510581693072846569177314291305
31247718944039694989636997447789764860923307226645170456253718
18612730358405954516366489561043733007377127227920015656799537
80312472059742971314129812594167703085271810057454304123955875

4640659603269119460979515134488280808473137345444511229873930906588532044589614893290579304521581752239908895287938775531881069965879932043397053489989869820876737494326583649972154485526774996576967793532827469565131577354206650829818068858193511512723382709369159630926262198460681179899510377722653834018907111119888673763980544691467492418530193786289127643581995472340524531221150155871420114113749721719260596332754772191184368559339953219936921220682190527168220951321941045539210059067431485714231445963031717100059242640048200753982866897541177347310859313933150183799849226415854695146669415370054335937964611436820553121266511627276921023873086368726205550567292941753137120347796255678450490209402576756305842971246799943044623059101739941920495019434265782013858540638883195784341636918812224338923835114374328834628835959074605770937816266119973425385155169768459850284603559248477839181798691290254464169906854289883693196118206443350573687070242811070216681726093205224353302670753305692033321446517706388872539737350027158323290205436417615578790858061118085839758480348581087965949020284403326988507888504106046722309171254776339771368572306124349389856991502567226050841297236999700483925060656204091896952637869678798039201415048287379058876256578055000524290627346396237562305467911862000163560419899497956262430927209123299235754665357769893817030791702532415098915658750272382249408621560007695606110697411268949685547104256516734171860595238442317248773770846238777219355127920059889236997228415004826104324807747865599206997539757463650379444969836317508737545051324726448748275362306060796615228674697259356751538157514952256575994213538783307152133883812878385960373729952001091605335838752764497476198635816212531228150181290598395301482452541455745452621273818857332313392846397935640814202697292349012839202580905149126183909067506188453197533702064061229430444427580506477915974933657340153392639762767396333624833229357444011880831116944148793169006977488853935373119717330895839664455152303482450812428416279314945432232058931917886830586995950312203552521456144611884421692457051548329391612612199982750525033051713666089422962932556199458794439031897663094484551657534562561057959219575553599984412242328843143977255559589075525842268145194486945122853586639

25

49646490981969865208721134450091482814575588969036632680491316
67566111853210320177805664342025323463114769427879123138663541
73873586957336186786064530482757940518147787207339807926203008
72687015118536151881684187956767316174341165061888152624745762
33473830652344600733726228171628892185389951283704231099726832
48240468976071261077292767386674853605212108354426442408346748
90726121983208131366251285792093793494479842145529809923102009
45678628515943352641373642988620518419904448524221430654756041
89290836882817597753371087945237917048968738996375479301058583
51721624112267767128161847447975446757824263256620885099397467
00673107641466803593880997829686113982143375452054224394455515
22455241105674288506993884491161805134133808298946311956944711
59191789778684086958853613361465272068433467128015954324840059
56746431602133261804902254657602752851258884732021328612246580
72848370991181771981177340303142648535657007585877191928240243
30180244489425784827799446959295597221246860677731041188849203
34593870423153518023312228985835825570094218328111558982401209
92711169828439870694491860758525326822720244649288960272906918
17243468326399823713580426212460864610597183339900487004750418
70496511020493535511469207023282048589042226899632951558786733
71674456725075945385523368891396458398811435696507927510725728
18297642587857494666118795789747773346335938851878355343315795
34262954798672435808781701369543041199621598530392188256376874
63329967371788495324062894691388966540048631221038141236600786
67045282945615307397123840905847630129373126442596737451684545
23282008773190861606616271104375700363753673287387457040863711
79028159999987344604440020963749298030795213343965109259228597
53787538041990901269225083749125520786126288299644937751486613
08788030494559367121811952027914598237442990214066967678758261
78485711637052587641101796019006942346410523360067172561539898
70650677787546967150366013341871869750086743567771420588422870
72890477013587751344553726974710256893593773887124243541246828
65618220158950057363148747084594614591861516203772928775044352
42048054491230106682980469261300948122957667519727736061909026
17796658699006909766421389875762438801429139484763447968088815
60134668212477434054148778256309264847350380057592323314004487
42948707199797705193242255656045511091823454935700077035565184

5978446814796513821811530772630548875288508425199730838054993 1
2622728773567734156283998814698112125939462594667985690495514 1
3395063484292114082029588551667216821080564298245324207780699 8
5652883111328331310542304759782691201121385112067250087278905 3
3472041916428468239490569260613372535105901909711685370117423 4
9556211827112742555700022702113375156849487386854047616041138 2
7062978548015269111634816868528256231469098226365938413463344 4
2454441717049755976078397733888525524571612170078079563106667 3
7630585344071914419759822295902836867509851881258337629363683 6
6551099846156576045778966351373382267458229680017179593762740 1
8061677849022861160170640648470704388864366022215581801762987 8
4121234539270109320057755406705175741482554687565138497808846 4
2990151441395513660062811348565425421068766393639258795013623 5
3044397168953837831408393910775099279093048615336401839844768 3
4640253857687815201939752103253627594811855788996527273436745 7
6455584845847773500584259976309254756114320982475343609148161 1
7740060592238255275192566333488286767471207846228376710101623 6
9029436466046792250758536810600328446711188370760014005975849 3
7363086365433374197736775524699258653050277350266606714191556 6
6686468788657982220901895278833316701242616974909430077372995 2
3804441494949090278353108664448923772137490068192050314176278 6
5872155594836498386733604503991532255897190319282394547584797 1
3187048376283510413259110594272757807676190847400611388030072 8
5160895891924096067791122362306539620512979347521229589961764 3
5169353494530047153184863668413243894009525398632652004477117 8
9242832010377986534721990457284541585181598408728616930132214 9
4059219286879970979419002137531003258316664068467022616028659 0
0386435625550535479607193713661727322879645701402509930502791 46
4251786168348605012985370482891856016773577760549779185864321 2
6576532854221674586247820858029502512745489887621701578417986 0
6480912525868988002411278522219216206834716931675626416741428 9
4052871294580848481573564896355076578924270246229329958298823 9
1184588896203324279269477664825498204052593775196216529901268 7
2873443909053936678759008111484647276587789697610031921026991 0
1321620623010127100453710831506380656353405686812621741158493 3
9398477967994948521874968227422723906588455097783877554699570 6
1801248566572993180607939316180435900934787333645628281128684 3

27

1270642211114888123242770474974375279794138881050751247757005439727943388288013038658151401723613786875015635593536158781049333846158063872571216933219833031314127335465475598239025935878775229050268730777012090784852665946138165134233512529326817892229723762157033945074217211595658737759824570525977916214918557876911508147327312575422747161655592484184842005625540213971992969941053902136481835014852913121891424936718303772420865713793625397625519597636158798322844373997357370356219297593867608375288539267280921863971750963604378110390771663138879953291831958949385922443203860685237945672032888003768669511893357847151657089703741030945086774971234935183476741378130121760427899365338536330371747799023255937310374797457884886705351914855496977403274368623829530490199277539629589093182023949405653634887637203041965443859987526787138414954684265289471620317083400036608826324009168944655531719537876534741119669664145039337663273022670497547035100982409230193423882938232147972297058261305081557518190626385067224341422002236244316687167144039503432143823883557088057336724805709564329970545677799327598711558653323288921565324814720261799370076976486359291853435002067636323139456947225139330769377498300753416939815966644620500913645446488833444141314552021266080747179803414725149231989737306203672375417022536593464041888046209337465581894287471107610761517901465427058114037376358359830888787739196381890297514645415475075180954162321430838110672634905696335981044045851089043600875269584182080725925276214534445697292591875802260308499451187678465513583908134697858279395508613642030286836185343574289713064948164565172166093616608278090287613832655842271333030999107504595267900380516588251929459617499297570649930255021222265503893886669361110270543291196010816992823833290512335945387560623412597616317192416462171077969234783041918945870562324205466170021540805798683023194603798445522469175247501450211268293172444531654022262617759215426703329094034931489666540076557302384459529408511148272790038534119560578548771653549753877311492830955307063249702325868732070741391429499147269761096604687887233414323099571691004779411920057438778576530291037936891403076197120044781817869734924078791037232243924549288110785439754983718641023650491176144640773748923034503488374940235093

40121730149096714189978560550637003295160546014722073839440134
97232842950684192960911396491806168737927113664481040610405257
58620532706003628392288191667470852562667303949384846876701571
54611564824907170138900414941939625562464622270782007340433246
72236046243714461142356716689910569421707637189094292922456021
87552865751468836358349430550328763444625448209954325040098804
60250686697003326946331455831715279619762462080018954263344305
64414481721536790138970516434914431287337628196396949016893462
81699016735862937184446287186444480169985467098038542047821638
57439475481910234694842548601663301980871183687298005610592455
42072886772323957316861085916483932358548407615833949210922370
24220963051130236874353284764215312721871081303066538547442451
13020572818123976076542195488372241651067846705128294472875003
38037067982915293373958284880238788249306754639273720996578011
19457491945895206873223465244987991797319236605263327645628645
39912860979202961469062796025830668024963157038240039299911030
13510620070289227683167238680144167141831320918630718166845362
79508524014934360215534044594426589670464886892862229457743271
45054805884572831113942680925308010584527596399103557273909644
28392869963855879450627209202566135916987108392839080523486939
29228299402970967748384759110161341292065706660197152982109001
12472239105930658462208881497047753214131243750590709941583119
33311488449259036698763968383954306900316139574134564273113928
40698073499984178287368555008564510427558843091148647777781295
41864771393329595770659848290459522843872510439603306030296023
25923025086282857327800038269846181052930107467354117408142105
89733219880869910666138872505231021034691632195050702403687848
25494052941609789653924378662138673748823845614226272131446355
61205703665806515405901640080526268931684168593759616140782112
02892265716000880976426509622731088648435618816189585768449274
66677663304556409432323411493376754985622372834752492852101495
88154434591495176730214842495387174381845900798564599968122468
83966825999505869363386700571956697919964409109893292455885323
84010149875289930290896558116153336317490716708743175007762182
14285669859298286729938260715713221302303139343518168342349825
19631523469339886049018990568761063627431512900943798767888777
63662313396511112830743544471189814360445927826692138208779671

29

2254411318576492277131584140940661991116355648346741019153064537160857227566092308130205583048918712811047389126710654316021952750051655714032393258913520641527541135617107306098555392133178538476772749624493670765575013357632971934491834252871465807275777111842058474930282769460591960306631979103393125566271794923611570200360465847108259724086413979893737872126139247372852786367829890691979087226327646389682611052447831296233813727613738019477689164311109710162348372245949254655241106518400864641465232246793625738180780143649105388210111812935670418319936071206276816344258157607739389600386697921882735963203630074190872877416490565287951120642599592880191506432436503060924244485192387881920346982159626285741350993602038928740212681605076151298624907566328174635653827493273187031286801776939138725411338762465955001438145017099893267148896220569238023855665732480710886480274909898713552114547343656474452408065145479558821678333164220893408255071599321300024463444281747785893042738350055531420523759387925655159101565970434605078596177989746944008741137721793693399242152664887960316031796662650620614263818569139403960606438837593585837846399044106270420973370160273130844938277110253074497424345238162658799791933247797136146825534509512189158193508993653586486515737988561636530420140087131537631175981878584249467710013784660770615127970109004817263664602412323904265027883390657900804986347726640740506724754757334436811709605181538991090726233708854756535489381283543146415621243832439594133918677543744535426899560991541893906587487133452044010720626931978187932229319808907501900801381576981916650864110438938525548470067215158152509223192854367106264073049550582432627125670363436476210666993585461606741737252967127566079750952961592609612035497076935708481630121503583298801379222445577659773442174269762188542020926566178276652987242826291653493437854427232247553131196623943972439195748465440460869882047305486727401957038526768935274814200211567683023855099942667859078238560601049152687413752577829378503142451053451143103237456014505605908679722820064822240398144026047616469136340044180537330891951723150998281036951559792673250552946211927872818391093620380993399928385798030988834655880015672711641091715461043075813477251066803805893479896418202662721888529527

8817368799485365813976333445374312777743578295535175478225 6231
2639990869205929775270376103945382624858333023293065917836 1161
1902487552418633532845404513084896838769363682738967256022 1196
4083212216938014748987035973716528885870864953487487668800 0680
9609874782238544009509883409161540636762250494156126329519 2631
3457320366362271782891759704003042441877283496541628715937 2132
6319756208083186472072265217549474367566358038947166359813 2690
6931646801836233003484094210158268295153001966407338849213 7058
9385960920084238999692491766920115006791804653376255938917 8422
0156597553123685278712710709628211365603676346483323311284 1372
4245316100181824544158850024390673112370786899675212970675 0411
6278620041686531132254858839844096765405630091503372275537 9566
5749741637947349224861442113561372616204054596505948084493 8128
4113204848633711192201324064783708139261194594869273106468 3792
1772957607531128915023870659165827704563403562878732557121 5939
8797250096036455128702347937416457145046980480899917345778 8959
9026771746706321184944036870684107564734453015108067508419 9420
3223910375675120958873743592372191310883979157055099436031 4281
7155628971714200144233514007614416518758111219510577697496 6033
2928207121257415649531570867089698105436525844918647327304 1226
0318669347348140712834327707320463950503103844125013067658 3505
9437289364447590117715518706036550342721661448638756629511 54623
5401878714626634189846375820626477491175621127356844678074 4240
4327556711916827344646941140477825805513803113053606556752 7554
1033330419621271106210354175892206447879392522211597145749 7491
5567414089741732988899058336436805825620316272148526835067 1883
7860400086389258903385028374307887137108166419105094005152 4132
0718269887559248054951351019678966964633972560475129350802 1393
5397920129771889473544291189041480086363440225096369442363 9348
9618980046408983576621229154893587709273351085113861266142 9992
4642435905979831442103220982885697058336356012340992145347 9578
3230133759681041465266015210093927435593227952442553013703 6204
1561004241959860840613927033541073543400625204563329989280 5430
6148388235365342523580710038932316058546916307619851095152 8705
2387531861268385072392998741553809306851534551552533284184 9661
0276191467504071463135170530528803541942556030306701191300 4471
3586754644964754154975085038155443840308561601170815053468 7821

840048055180544417980869657339735173564639087897608729973386870
387038506917628992896133241573854616332055353700350305289995861
815144267711516428642835786965742889556859988999288361141192942
100079062186524049233943714510837642423385426582440086698147008
657075999741233640387034600223775748212050930587463631876801196
814431466388061602405663247377716857274021156089563642084116852
276567496429289397741466239410475451146755573679069541186464411
511494902588891475014524995472941838394010961880963715956965070
455478022401437868663693954811012144246749362078593569199771007
532523902140266322136637751777261717256821413383689984602795038
423956398434843110922384874674135638900997232499796807836365296
544272136405828294691818706330832928166263221601923540321762725
350603294059770439361774254269004538233443629897250566773651334
600833707114997409407961354196306881839067091676003409794162494
980311870821858640144375266380845317830951180432872946838188255
420837545477016829945529824341503142712858640292794584178258220
316088295802536337238692356998947267578120746629413046554402611
598750564586691401018320526625494620883628694651470387837419705
195154712533945102503424131446303142826294135005346960814709771
539009357073159129162615387791263906116968954258172279659229989
676676368821357720287345620191099650990344664492566178866136854
282935339454773671737169895312419663922666836322649042307057916
121536347483567653161252116420109514370733052074259399602202506
767621889726889538304908963839810624321411925758166082317255595
720787849693750536045233879848911300469341228589653581746243385
686295299926025919500486100483495750652354330516151990732814107
246445837261781247867579877817219431863156479302872198165182535
949311445438288377360063644940098751354216184387859668748054717
024693712232036555563495667066057046969790814649394348890294472
522332827593752675681698883536712592461198100505950308925301071
141266351158160100815254484527922758271441782000590007072892166
342074693997276568493359149117608258413878854021412426390559444
263133225283820938552025033020446778150058628697685233839955279
654482379041420955763045217769063296417005979260693495080098042
294449017705415555502895008000511349893793702855412583644279730
666912944783721266736965235341420741567358088898651265773905010
144524380554987094858144520

9925398818529748316642433091353630280445121136118098716844314965476668170938600901863586455889061881457366041954357727571273970311037824325324950374558968603035469059804580090524805219475152065221926358096781987656652895186309440013208857184276942515309266731035429466107242264201241732812498273402447150889383109799379910419182336276042123295712096648980044195814436662613566788384451163564121050263499121237309751046503671948479580181575680186456961175286074874870685304584698436606446265137565940679417063035379519039560892931879933445153979210675185980974956733933281424222090810427454771158776076587830860902202981967936742213975623534393548085257919984602445145021013950681910075369181850234661866441101973044124190858102859270645710087625363831863882731481787848504613784262735399684473310432797755507736101165485896187385677181907313499353862961596302990553129544613436226392171659795617739060444078750781375494521197320847830276322479859545659055597237929805679828846247774503198212532600272376273885820225987119515047344740890810021461220868165278532503210997390708914454296879104063478906373235599328219213790993571630310742537764452477488100670645881331205355273880571508085803961469168511670424095558837349390958836118238734811158941351383529307805406721655753264003693913508428673605329164809097789370767899913128882349643314278543581180195849282875377254504318313775394101646179826838253193811536191661317279280518139507267972687124289018722507698846405259619916305924747346357816446258446073991683022179292631903145266482379044094308939163857932836408221411626187196292395484326749932248478754327496190355468488669574558723922702549241560314553852383526350808752389730129070965128819578594516557816053337278225038407540163934862986527031401590738588972353511704285313842407850349735231465486310067852600521595281453508340933008390413275657758867213449063640288173212019209135749733325170469221941500114471326906355236979650609561951415665892139089662497043235282899129805024512655064676213116436263887905970609978870413165188483706048887300507478601889786672309118839311397065833302349621339728204962186886162200940297090167685838620504649347813452249484783613055140754395306043324658841839488556171861541893350376978471481878707861852009396048662631159963019876765459325782053

5652864010829724513695290984109087154890963085110179855498819l
8300839464500105304448525482104109706908319100125811964904931l
3065735807449229897900646071324999784097306483815760458725706l
3542932134059778889862370585521723720520561435004731573135015l
8234350726893415340602708378476532675793464801910488308685467l
7061117145864950907662084950470168542552271088937335678473020l
7984729860285502163655462895803850766838867667700222938162214l
4634697935735488963342068079540103477113287395702090657532461l
4551250071037304912534626222677775724259607280729848138099657l
8930777096455180595524406069763807072827738007399296657239169l
7901790484538398772684135340772759911540102065939534115201429l
0799065780555052439106245647266950816016694052147051352827163l
1194463112414142266043700349650593263936040895723863783024677l
8004113798401473263610012634311263901409243754773178135531349l
6201597306848943774566269780564300502551184270682881699564099l
7730713717940762982956544103576151968330865853908710989085721l
8514893979334011393716377392947876781367077659768715495470475l
4339745084459352577036018709144908434300255665759074622749181l
8614846224436535051129160878187380172669403665183912771616142l
7856012970306041944802636057144062848820903049100874609890764l
5027517338881931887985748031168293096559405019779140836643136l
8391363606574304129767187542886877363700186178489379957368925l
7595010323245546710330777418617765122150757854850156006004604l
3808821767916133958888153485390536835583565733902411236542339l
5808854567374830505040204255847478889792907399541882672256645l
5599934978992800888484958149401181152115527508941684054976831l
1584991151734260977225012015339384659871905825822868058133754l
1830454344059783445154148354681225064519785775976180368868589l
3232088331224798880732602522465987976871020397812344751824793l
6768436692996581465409088782308410611840928896816007171254951l
9083650488547199918799764444790885553173715644639656332150367l
1533530063880269511300620641248805912355313294397187124976789l
1468012304904424829482453679657744383920239075645332206776354l
8538794657115912889670227016436807098172416982801456570721475l
8669858065170022191594666549407141017339115490121352471352786l
1238814876614272013206422252454842118718010578523750479236138l
0614587299993509931436429059061651593870487551561029050175257l

0236236480539154631958686723847892037566923129155651355379091575744539777984067882787370450437311782857105870869326005971482185702984457443446362339561852342767691252534292026906549787738332287134277582698753743036861324767133337725349884306212530861488745370158791732164480910388725966822730591835845175661487302534436431829083820866016304270636928071119549940076198404153541593293234952679376039935001481198599777680460351409881288168274321120312755532635911959681931760437000223395777227822789676777675429374717566557032371664653252184136763539786379811525441691936041666642174401413493496409428397248626170690482107746574639468083376821647820555890935508529461002918517930449077055872562553775721205248978792914793360061469367846236499907555124735148531963732858715662291598818733149763257851772109482540871299537679352765869374321212378341167567433064923036804587174903789099967265137492703829544815303181832242417230891447367169024471699112453377223231390721226846962343899613542568462372702051691504155236503949540139070679196294024187034305484220489360393887701401336664820293581003902076131179762631998694075966280985179981923571681729727958172971584165194808477975542334618812337538254765197938659676560469448068835867509275617655240973271443355776899978990945475120729586246378371808736602065613994493389368017736227725372746427391512131987410589681487528774226140833676530174604073226518377660042609033365971676933602922020997701976817564801379653795218307356287379169115387396154863258571271817509516336487103991327042741654705351548584965459444435286801256652174952697969138994545310374330792467514298044566297050497881530751641474639821174057799629955145530874147995518171866747643092007954795853272636590218712994086792997624654570868423473300153262495302547647369074565097612103227183516760398710201897827736791872411592539270191289508243483511487229077611798226743343576697940736060382891246942313048359927651266304216545352176332127866323325971205838366627546783876592140669969380815199056718131459262308122164003985329881546582720756311861301678630187336854793907725885653684331985652806187716564064084600562681943773758995959619880697928822444571077975372051235139967010341454266557171426397904274674997750351718849028420008473368956044791498759030197942542265996242194450177

9829066500729973669879558702136202082567989502948709206324201 2
6721173191214479949265005695575985546097239901804363275443242 1
9025587245267365341472201985428975429545465159208862602699271 4
0229680477122684482286098933914207970423551146502956041649174 0
3488057914421027307843486010126857033488727387049697887242824 7
1511588138618594251966864502153635331487890881020102367006041 28
9725599974693082592483870380641416377161667730936577020487319 5
2554762825375376054103821030367996185905295370821790710104198 5
1110571682302421803853993714831094595966717979011978696655426 4
2281944569245890045690222333489270968488703276700077176107052 4
5503710960153006546029849051007010311034810799185863672584321 4
0180822748068385084131042054798377461387968365793473608309863 2
9144547511177025173800915626615988382456648730723951056117559 9
0591617177616345798573623034615259796351843475942934676052870 1
6991404527432926437584041684646719079200031184954786292240125 7
3750850904447643004495325286210731036039591737450542409800452 7
8775558081860827798038587381800725315572075864398951257429541 7
4625026978149499636329610129514565855942170953069822972518900 4
8316948436358256723157448295400084701958244916381745677287832 1
7349446297575661062810403234901944580436630163685456640239853 9
5880213575199932095673198750858769084160072404742376180115832 8
2052650462381639011329720703771768189676527724648919676674612 0
9253903680520340691042353023935597024286057225046817522528545 8
7718993414808896113738640905887112360779404531924235941028098 7
5999184062360694661516688367804658822274918419315801491903181 9
1698802888487348030440623089653295476058508321508001240353292 0
0049351644618245658975413222432556732180264056143618541761808 3
9629514421717883772067956041181594208033251794369822511008514 9
0209597157061510626230132971967028905086250126292347225232695 1
7928634792796949413410000842336469534969248712664157192437460 9
5428047526267343658918170770291721457137688125541033173514829 4
6881989007918702265736018707384681649143699987106984600191689 0
9659372024188504797243572837638913875275313600298245893185888 7
6925612198825167294027141662741101090570516704044024080714064 9
8828829856959197346104377331011447691475262910698853825137038 5
3578097465390477906725501646780336018167932988743147163098648 0
5794783625496578337641768867908798352746023356762500181786562 9

4031767036627373023092372650150318692641076974688586843741406926217164346625532916146295533259182009186877965261372564356330656930328000571565435358092330765657957720130631938875793257086924428051465871768974300069205330722032513886201409797823700948963305597855858784931142383138600390173786175522090623568100329374408534126400387815396520551675568639044844723503541766917548061538046414744450765548385189949264172483381716509416349088134945512114655369978995145141230301364830886559843341576778303064076509992913759659377328528489009510586178016536326383603460339580911178329293138602013565601390250579862845514783907063407148491454161331524588764228310105560062277714107826625389670360564548197317753107336837589035160500915367236132513812801871611930792012258359764383730370592117054257953423358198015318515126042948982620100785924031693828033960472680258501293249560560424638640064333216748278397221360514840268680599942827359841128760884110893507804050858006132343738800839809840590054293030177183800775190281710525966503917790960190831974926023203560291684927003465470315057004893775563711126409434156167157552241495001627356967672537219929973631027739754928302666627426325254605840336874603732532129366191747964004550638388639389829482369837875092453397782431787519711798474319363681641430147270513140586205721334944250485365282608644461644228438502985573643191206335654939356052822275137658330074985953051872917953824709460422985071101416790178555587764898382610804393073106004521591657873080959078276329880560642292321202320778555615310504502707317760244831385493404743797039904264721942450818106955864865739276241786138634024011060413520264026627271350221161248387585409524008720142144620039293705834361975764810192677363400221543166008141606116064099527089622921828859309917875609031710835574973518173088363151729187373866980620905470242896355892334545925711836955134396033536134644860351964938902552793968536505340279812868030449962932546547117543058761079699954723436116134935412340889294578340568585665972536731765572564976948571330541422737975829848787053362431013263958798600086555691014600563436978189159237904845041722722113861768272082601631493451053178962300343085629979735752012942291203911357465973939370818627845483270398494871095098736074492163796542706001436129890641737

16005788577607330423076749635496485992931396971351284839382339
10949167588127609318503436730019811259069796487490901250549746
97682847200055383734824141193194614403562400374091100702180026
22089546554654127451270670621697141587281108668922831797403566
98924610404876326200621906771333627520401636770973844571534830
49589191650880927559011401710051857524812148350476708502011292
05646241095097012456761601738432857332720827731881723062474533
68386893615738339752968578025025033171972377739917403998857825
98352117954391300274040966709105328426507133980523034001410341
68316987686385495547039513393789654391538500250365670100306722
18112617111571565243196617924928606574878622876972477420077912 8
83649896709498303886417281304235898111927828247482574691101763
26301171135288128010383143248028134936845239867413310477957423
68355088755495752734885269651357615831493756710070034901352776
04956645790141664531995957497446990433598797199695053206553502
59547251195257244808040092477603296691757064631634475308646854
74801740459102398530145544357791297359610903939709449797803870
63295318989866424735922366878914374555959469496806928118729946
91277843237049337729827197726017131970953633151726590403971328
78904056511964061802291427136220442007053539697287187384030654
68974977129356623898266386278008268190047141242200315415825017
01989079904303902918499277677402311493835159961323599158960288
97527030394581548554686058925716687784365599773020685427333836
25179573643548871076433086684976164339359583201835424536080848
20857329181910563641117454638794945188349430823162847739785652
07368969334325050250436900909851852888749279872947282241015695
30387964021668409571541332653936137845139552735294207020308700
54599227457545236788736869465308907649642839040576580952293277
06620352520332187582701937202329146321104395636163450956902557
65568160535662351643780893069637328778538102328486462684668726
63256981983602455347463453973034838177027751740231464855906871
36362666347792755931475900447884862052529926428599587241086470
39265938701674029307207522362476301371724779820134551461815957
80891789012727001891663730951184273061527446699426579188888910
04820762432551044813147161553425124889471171414604274991283651
15774922007707947259860986496185911343329631755394335110930451
28950757363062664246214278087916901666723479767881056032558860

√2 – *Irrationales auf 250.000 Stellen*

0103602306686865884136930226697399430491456042174685451712842941
9049835865498248815492892302135513293251567306991003125846376701238444995187755989942189280844517007821503734702413704101909
0185007208205822726239987212380741019738802393932058541961574386395488647648046640683682166216295509062467299277549868479255
1449284507062165229807118061373068357835524421515870422601289795491552231355128311452666922735734568074852693886830072796091
4320200661411390423938652493703631611122162012927657841053773124170697441625667038944756172823629567284314477315294336670042
7877901776942738311110559006798083210716091899419888507082116202788523813701343065850944271927518553732567281191901477623638
3593558281781177304166418054530456309784513633613809163470387909675554130107370809866501973664840305250816943191284395646243
7153928852666965934993598341808997484084637774249351131282116157423068531785489493607056281934694375954996717298258501610015
0246765784126422126822176581091011290039562825561143318995164502702483307007475536540722476026249902361050453233097146711328
1597996394334718527991215948051590607304460623637463418896767032921495615344057825666281602800564492322762233867311277572709
8708365441661018481422933532988826492111649091008743694921683602082034669625292658620591848141252715838918693039129081270240
8729159266280397563563343994543142194616235427381312875268140956148722245504589358175089114062856061028173578111074398672311
2233210599412011972123618067591235467940114002635456984348126709828026043262759366462123313236210893887124780811461307482838
1816583444719047220533122464448637432189896213644148703137443511202510404442174578407407509281152308743238466562847887667417
6145959712529752971518144513224975267384713372535961155163523138620319715900172284292500693291230523158732902951845537261547
9891401699958467669851090940081326691061250819355809736662819965419358446577407688916309688230499679153080053534242772928140
1576187467757182319073659093587436895644484615176244700466869612359223621114738492436649713583349472057884273861654627852054
7695516625982419106611044135038798227938055737359033015908199292979399480133335874776755922676625973932211382115199658351774
7144445726168731589032525087068732193733677509612273757286805492797339729054554564543608995091117313855870591755142294885228

39

51050010837346085657900295481186629618299978760672979087520094
59370548949359906569759535231618991122931174581660344711105537
99753159590717722372898353414042145978916556963112381547011670
11722306748205790613780919089163994209968249006756096498035720
07589835261776009107167637097191388912818357972124874354205685
16923556588624595104782466107283546185405634073552518831575863
57621516488739322390306551714261389971796832429288582707009526
90547330614737849111650248513094545091260330530549739644349170
48099061678844625676786200773007712326096753829059304729360896
61251335344563613279076031597658615901015884405460862593306479
52646337791879422529002171845655502488072168429354673749029287
22019069086554503960955292597637953437889442499420480601339392
42871403472820148983876210208830106549918026481709848453797859
05252868611431601625257534584365338274924205194392102290623004
60736586549746292237700700474505994846662675221907297074328758
59846990709281746679934468652305386429921397137080839274376731
21830831829451238641919475057263400735063892469182711840584776
39034550508796999883330044098791860721846535780146828560841962
81354233489114374739694363534785642369172629789954212701553326
32843257236875018729457549643820264424317411526789396007076848
38860154635527989366758215234394502386810931798274907582486962
23606117671118908718043420582928955064927759289820285525402688
18878592213177126118964115876216388284590901389318309486408786
61930817086796676021157569006420065139750260464611630260360597
433338757549332953808223886183182468742654563055376015258463544
42172303782549105853467271136477905797268903722403321025838075
91912279524380409336507259787759309092633859500832118233341507
34440958536561843912342230320604898687760077111217146029396636
88393967191538659473154528726896334164855636942811638115334847
22831324344813139299434551519301558983595705558592900074667994
26361167921449154595219617372012958302251334170171951388708499
01020760396924117949339475546946711764529142140255642970376440
43472599286597366262173462786540014938603923479327728817711372
85170274148919217050779710656543029547368531518783357495349280
42388057889935402774490884786971241913848313069057333595085718
18540960951306232357198265848748831796885635945258539045393883
13443339029461468269873609180343869752816571573431212707033289

7910206841434706402579350111982430409072961860774158707964861670705848350284881674753873599568268565335647313573522294854346387296997985989891775909214993299692627985712522018609317243034600614761188215107145425184736508942790341374239278988744752855203158502318978480791464302328077640417736253936737111961595382027059631440114478760201273848485020768344277141043336221994596262561641079066011515993186681769183719298879162076480058621428954272242080188259367261454134045309355722678425711367719434831032421280160926518216688831052693941842923659023810793396866392596818467783818742800618155118827582063002724088344653542486094668161520930130815642870743449168075010800809902486603784183169687589604044612227317821328979825427220273711353527767676105439871713579365915021743735339902382785092385390121007711097173838265972336323307288864041831752766426108294970992761443773887651095053426070990311307074284452793998191426762444396658798056130474278781320374590353803382351596548127835782591728560143235471359107776182068187905527945024993317386494774293873577913955013567581595816133468582385123076141332744956688466633826961728904406371675715332688531163470930430233632137887231080069455845345269722555137739432646050352135316777013091916805023944149187436042196772081015681915921588832707566917281573254500390993914971242603398871202112956235185890010943446507306867756911411351762413682615698211955681082222599218650517329480263653302471480931755842380501778016419976072734614619098985000891902631717428714519927816978645285109886078755146714188045630667875853936140028155977962748670576235206310676527678472039469210130912818396710543644964452564405473076394761755530985867489053016084872744630146856837187895086612880499444963065340488944779695612673052448341455662473597973965702012032660403293042146314270861536320852824995203147296756523613809593602054839550275869990627854235915349875252319225117169344965510883613741974074041674634960953179885800724635090220466076078766813051369647240727410873874819642247758193077401407270033838211102486507813425966170447072540869453841699462297154560484448680910954954247314322874848127269373679112486408942201371001510543930482604867576497458382958245547671418607797465966219551562499535328991119940662979781071416604913169323023178713505017588

41

45193375738956366613235993865403356325131835233259285001486267
97004472894554418220918197501261409602407261652800972037395638
04098426446254586286049995521975570503086218106386018640390531
15824953325870375910721862358599475558906708792200469117778854
22670531484004433147775875150199123934825145320923033482899199
98834594377620575652080936477362276769704398854637140949001201
24585991070702643070624060128745588888805336158588432997123281
41999512525013882994581496159862096706440683217054822665774989
55007943188485049223829955284973895999006102586441500150037619
06764756272037092059307214852892618129682040164620839790093040
28739427240512807647261378296522235571004456970223561069830289
02189916880853752141414683470106942029283706565238947987043238
38520803881198922643042081750104609647567309526091493614830044
49741417170943567845087316832871833266949452987436807544218240
97947053404782493898173347424896657770249887705832147565395813
25211733824355253623481547525701724772891426279333897264529334
34537401612372518616752091715620495849619462311310315666521960
55291478205442686377485484085521664178969965574614274207208859
34320170498382672950316988505686560446521027706938771673411299
01760810835084370775118133869404623613903102247094358498936642
05386512403456465690855784142464428110459331539410568797352720
40603272061722520750362864655129437155227632379744041181718554
97696770529222206013607594290642330414035876239658126970493727
44237528612825674709867173025556981427290214868900875289833708
31913610921191770725568942504557197810925853528085801246113545
58968434802186610130009014689755785696583836036450650291828025
82251135005484391094431855757472821881312816335546895568632801
25792082349069287584210363859018171677376102832091565261675821
20017424226539919381008691624214676338154580527560900257718344
64652246989445082662181377355024891987620570701592876996029981
29471541477620151614751590922087689042337079148762351014809730
08975171035534875386224239262133662034018689476861235472440117
03003189363168431640028188641489599187929545358166937826836935
00318023545716436758945180906264565134841748382031068055458306
08671228082398808128108348053523900772925156091382805012439745
16586651654704172711119643125641331131671139304909830074956519
80455240169666930033742041103357968054385376171534905290516805

90686948370701314814217846634812644125101279863731047100172158
88066637427484884084081226311802965810193000307535114361087086
55072874920802744303498780072725173629259055036268118467097643
00003364636942438601407022944923408225297511991839235450796387
90486210482396016735453178711060406063049914742455529735142064
18665602624894554015293669796977235324097954972447576570988558
81791848858553873733181064703539477012658801349797005486178897
23872401933153822569636536378652026211388897384542739785294836
10168892810983076446412564147358656132569485053796379787010069
37906186696552220875210494275546613534831238174431435889566622
90155417669327335088287665320833903436391927645172754110771965
01315670372168489617011135157220716666103434583365854759799585
64474488580516449105369622566670578634015646031034350682879906
00769337235705622645749426633094635985748500044251048780216489
10894550300079339367201761355602915329978959117836204618120070
86883158653500465273799853943410488987602289705156310917316189
18201443634174527982980723173759392751300646573573892090398841
93680890753460490189758877801779423428491435697939393188416226
37076308889513009347272947880104755937666417705040474625254426
23329668957154820869357833339603670529059292085210491500484355
14496680810192655483874062000914607801390117171878726757302838
35341186457164599669297347944422498622374864444178059129298515
78201237503690478166824372770969637137761908699486118349862650
75138774326455604116725757908813353836209122383529446770088212
16928264574922643244007046691352205613022710846669614979774576
11664415554434902436489776227382123941709716497782078790484036
25445453704106283222731696595467803255500387427373181232040707
57481830365615508049788972663347679812582903569509755115759723
95448219033572300397992227431412859809984077196938291361091574
59243521492879660937686434045978757820760225603449091860236898
80147186453167067055002064106628450235284537259151239611719236
94303688786793094823907998503769519520251992774399830917234178
42749293787775487045036620725817392555404456614940552344180241
77812710770747786845128273551485835407921198032913704482038624
19823875885296517784651900643991307683395191718558250667354216
80490435578650701639516719009261651424659915824515281284003582
01128987770160011764016694785286320756508871639967271885204012

2425472188472839696646409723217106761876012641819945722 2881524
3583291948248031868869985133021663414529227651723091588 8920644
8650242705691800808854941394946535516840966587486264464 7627522
0375108173906493053435964305128688190168496149063834285 0861262
9430163766290786336726447703021720769246829767958185969 7227226
6046856963810452098543609955040795759374790950062277290 6782056
3871791325945220012246162563163445746134883113115873074 0180534
3874457964086641007100658238767475019790164933127352790 3381682
3407186847872349707287388248396689986077818723632054829 4072104
2609703707273040950715658269137246173111232877308517542 6049499
3215110991571529498989696654324456537879514941350863819 9096534
1123863898793827217513791840117654396560112427132730617 4769047
7704234055440963818575982534440246072462512056699930738 4159852
3801163169331159074250156396575988942043985778839049737 9168856
7141283801012324445840232641541475071012493007726437055 4705437
6518442444250225967799997685499828723447646343766729218 8424478
5255072685847300614235789059579653979457815687860616972 1833336
4573254555137989015890256365832075804869258067357201699 1927191
6431994091184266436730495739123469987521562106529771500 3039972
9326256422176004621510809557819992724137060306040383394 0925730
2308916603798731380686758095119180506484916277049054050 6973903
7480351458773770067884749736309235009170269779162300195 37415929
7564128053597419816840715699962602287894662875040865826 8862328
2152150726215850866296065283863866173370704869705905009 4449458
8673263956970129151203917387215774756238681922528082277 6286848
1773621806754316808570508490509393893874901498697998586 4691868
2880729607940090999477223738856045501277267889940633872 4450046
5087039580282405413215915131763043265253603783627880867 7557933
4999213685527302874066024022536003311110239298849022145 4569155
0953305037739898063970317756750375055776352186366006902 5143389
8172846220210890369073963669024587271755790216151667495 4551479
5017823939553881891804302677593705621972238910943063056 1021745
3751014692064494895314484197988942828695162413427067015 4377292
2460565010865069571550318886072137742718404012197700603 5761015
2497031847062493706886460166953555915984018377008180561 0147523
4303909623742187669038109462045744619895512332602031287 8114906
4386912501664787121841718604171043742081532573066216803 0774273

44

5209544882269128736081174559286962540699023428282182725059395220253328686114566917045468432924466557743052934520979248681014241497589966024958805736869692186776600778518460217246126678537096093626373365118586985439017417719328005996175915673636672674811409080098070347470923827207159752928418955654535250812523129673325574895005753885512478007569353643775703557104848276930158744922038946946819734241950050083056892536352898245467614709513486099474354009212741201199970660091084997338392931247131147299383529547496449812231448129048542979364605167336212181790898223570789591495267714327188921398052354989921940897380765537815906608012971503717354038888857184696464270388141303978600001003931083864903458253532473310067889901427397729220497648907216507197816974294397012767420516952846279656472465331542101296782127320554804000422852517562954403866983368855213755641775244286159255207080242631258850921039054667703408000962329968526313374717854228604883884185952565516980917753479638893311709079522549790010313754768688219170696041601581521808539010670482322579569812784444784267497331393462105178987697628702533470647871293338884609305183765827108922653124733086085353788558057873517817669707270955365878977362959756928204452543388618213723301363068011746035558883365655850658870405956202835390465790666065667213062084889190710804888090483693416713011681287826774373111176519886057267739562570803090545607511976266834669158720029711902802088673295043868986933396781626091574554767195562073712132423097182443490723600244548583223028635895098966040858251948223833774227475636156332320344730861298872239193492106870626566194817567434586522857172333588249398050079903625784068070271923131877624474359813679462374967972443055833210204420333640392909486200854240012942334722279882592574079906614840216092793808294170600670681103422499690335427263217523410004227434818310668495020588527779397418424868271918469095416860622696650743985015854854699649610586313066951093461541272500773878882571646651240997362833949657874381662399726641737919671778106194447113054663816575337298358283817368752774938528165719345295288596472041668200366679108547711595567320229313370125791426143746219968963889838641117662188875475697398440662676122660044260319855854410914009802592585903383601355010492501207073649093274441145

06167627208656282359616377339410993872211311157596703996611305
90656941764374135716572527363223110660433462887224854532442573
81824454400596754629090641160923908597982991183467759258550539
10584016870940285848781388176155999002478522077323397819580375
37813677105538986220790754668542351639616721845548945473079537
54406983987400983431420439499270942924992756042328470790554921
32188746462567878070159141817556861946590205802469345534112403
20605675429917014313727400728304305878018317723543079113669411
26688326777178242802197392912347384008600148560585643610755843
88434997079826511652674899882110279707857384658126909223084755
52461371343024650903881823005296769636134533274552201858633509
87212726588359578758125404210123654935973151107402211303644077
07288891858938295429358975039186351153781531022970569908591995
22220087187065577797682729294527133629379148310933302834872965
78859503895011047830451959795757738239343695872474335732040449
76255674177697505076947879166643662802022909118484902074785662
88032867555130995885189272298811174882382848178202590451528084
05515049624651738012424948247045728569494304921526798608989069
80481165784739686544994109125669994486852952529814851214514940
23355811305690563332052355205963278462624762021264323998106056
40971436395271589467312963272681270704385716614984822126837507
11093608397483975518175675921295965828457347011435361120229872
42353524782948657586860031921375247021222779332033566971180774
07829484145852822994668316356092288247869904993525561777848216
14723205463392040565000069932998886383549373030262566522483973
39924692286413269415971989885375370726966513095289401739896902
55040352300174561114707665300166969687412040296904613531419060
26926072697463962987213010774193417699283250364707601858936176
60006793213869159186368884178610491113607120060903228563237633
70236783182832192574204194648152743905539933475110092105036762
15459061431882713570865570797173017245961838309290071913829990
59461368054298572390228244510639239969244339523133326706484797
54420776419372555799567775191105525714103967319287827405625829
18849851072130934412785524917814319933295971386431712147302169
00361673276912656035863882284366828791477426747893963833721233
64387747828488186253853623708175290032070862234439121491862101
16810714888224882739464924838857528951876553638166109476886555

2971796200797511503819506547141187117475351672464800324402047655561945624178588592242031980601194571186518036650716503944905923479975922738927143742260012133773932680436129795966734940583513724038734389670223218786205985740941973190905429637503698475497446393466953888309436869260330483775855070516070244925073547514811711792121131026656639115550789079393401424593860468764302823435246909225651073266380956579604521955864444503718521733938819581720186814658017430052164923724107757887737477245870099205536063520049325396909014335445858160496185016629283934596479303483499152673092231277050764442808980960620040101733593824902788076983290134235515453442200620059161778223071265353131497419853607145071487177756008438040474099740097668896180290396568384888089520866311749637622268436141954842084003176465711999925422918123990508410524548376597032519416137426931884562182075780735497186500277612544393066524522257081531505323904003794491836663469949662880119511903109285028232659961800362458330194230764900960006045250744305819986894453612905655485401175606630193498472040795489501451209165044131059478747238544909422608587437449969355464760613297003549493003000633698014306010497989349907895278818582671598480757950561286754302767969277073277958720467845585234826402279832532964264386620788715508114740814175787418933676351876223619224020458225413324409814144238456076527008024506298103908710946524454946804192272969172194716902985120196069423899143483119868298798927579314661817780661581396200511886779673699382626137154463903835237710928555252987130002191269963381510950542726691996818600791651785705411706848791670853533733138045487238072500505069331274220239468113105344784427444437501558005128528159614826045507838371980276178503092306210853704154837535826517354659117549636622595896907848982626203740734997725713319230967315938085742595995378099241411520324927930526967037008673347782453930144084481598694138374539717051991494970255796697084617226651705091149430201816534160424168429997048303208936621213639637970947055149680495093657532047296074606851554539974670158837771154143500875780988875038499481572131899854698800023879266745765865443080449752730034669648295261974944095042195080219267585054157487887222873835562578349287022314295093237448530509054235650657921380998724517755389287

8934137375064280051636545976484479293233704843719625785335028102343492904728785828101620951628739820027201184498111800451244482717938773420010826295882795850469813234914809083613071760661994334518205664709475601602786463084239884826194184937363427001748318744082245779406436726327972688338955206938083800099825043902597902488880981831373195503505411493890443148127881270013488069947395903009522914099880266130892171809908593446699514909415942081506970736259289632709540628119011753939476974499854763989875500546297537043208047850873097344465723886801481080359685122831608422446742264944341671958359445229746415160995169962681880582959245749993648205561372645918003585332749593719187578951174344717279032064170207139494940293081749840692488271265113145328853164601535611849662642126498018815189955018988616416330985958563045737962026809184006976017261417606989603668723836076934942504382797457784958849149723754161235680869787878978098401962640737766918494276694213443709775841747727400969754659378095003798000531867910249767709730173905319958866719490293590005410132433983150045667669058807604255130686117549414436795909097212410633924543595378758917162647064988276528120655566623095575662254737984005537104503992073668425004036474270240180368839064187646858428619097621128482916533506611761607881602819482023371986690733781916873175814166023024007492924309569754955574438521923874656132536008120277675587802386938236784411948539441674783880933328886366632020622714713630871443966987733360961919336184637037782862491869448788236199981235837588339495418151597647465514255998941828302267942970293510653244825885510143423173866145685717910190926936704224961854161229064777325403662367123126001580940528193668718595470726706388949938363028291516671594154034358381952807089474809761974444046422067931448110644716317848896778274704662883085132382131584658917383912525213450909753239242523182435954544561906119817359340376919518561349845465482341062280116602933870592464781751433623807604771251728852036958391064588175708428116320067951993932337854960437043040672853605405677135707196418004328316831638300946682887603994837775965271815028949475254617093826381539130709646718344195362544633789782299866656528338124272704230967290319235256580987332775830718129427875168339088670572455147995263240419530

20488436471490860700967563132110498883224205320332638081448361
37209181885544198720742028850783018064302128431736408718908876
99017545761254828514425659957484668339571548245202955204528255
30748688306583100755579521031820916366427179725056876116686032
70149033570403273450458149409520998205531610507289261428536131
42423103142463637671617195564218337034565915221757454080831277
81595647081774377822924746203590084740073944026369615781923642
40014026368115994148534665743326197653626997589880510808104857
56249759271993900000099616326466668384814932093766678398006102
07473554174596946451141502679672131476135092877885801937724624
46468215997526583651948282985230366493140589341525152401291708
65241883716842605214843699426118049583030318587247285453319892
07212855947475622175391595845271806678362686280512681758821723
25638965196946872952343682692685559419212147340583065079911942
31044976613056985289713819107771457081533938183371553754529929
52791761112627519314501340842548518903141421192226581380492934
17674212747019201282245954695156088225036349234483206206947635
89084924912595449190921989841329243960493818388597247662899869
72091583691348406213322107269469664179868551385196986522090566
10576060214618511323684977862315363795402442605265637240508769
24159284336051280457635713014662465513946054857900478920187256
23704244156238421404309812770884953070691133144672219354216107
44001661435534897167938694035464899636209355647988610619078376
84225214582361266728868083499486921058953714322033480799176534
43818925725290591483242412486674070218417130070509884622605824
36802368933162632788041746962259853946526937990841019518782311
40230104632054977257454066538499231148888871343679523163257893
48332780350972522547033187808036275727020037741324542443582986
90171476421479280910341055649619925644514787609374717135326051
29662589770268283934876968149016447517772223971491895109829030
79328431087759640973547018924123905392269157526519989886191067
89955888957711207456511420485571754284045108382187382045689055
83435011092716798347921626288638105457290941193755227551992900
27345784546797020061601134296376666300542445163175087081000515
36442961217878215926446333088948691867737604540970334283356623
44039078679014117077367268656734995895464052369661944959710266
86102719252779121205295179594662385005219409482109231023915233

49

6124965471079326577303748122718608350083123317233681077913 0227
3961833492167002942993473359943610711575379985847416587005 2859
9129438130116932743289130260300417029267625886050065353575 3153
1873075930182833939570436772220755746154745628492889451403 9379
6544632582558062725417831805270600088551563828395469240072 1309
9723857583826935333880195536361320476196986932512842957524 11463
1966155825369070954490592037465377097458995307950860069554 4438
9215859912936452846504455145691025226477772101766024004354 8532
6611487645789339971563983960469643324901870929375059462847 4014
9176105205250392373252224709900506509317254527305247505260 96851
9852534855817069480456335822455661831564248337329130992390 6461
0541690442642540972554536226685468330431279675055582233110 0669
0807037972948200475648404708193634168990456983870471294103 2782
2668446319389442393266344192644627541750838259726501718122 7527
7911558116877225564835113590323769925848613853501583275417 5551
5087392283679694898715157588193922364721816143126645738271 0119
2288260557732603230982560789420881389829199115292903755555 6962
5991483334516419524740757656789215139490598879609724229646 9225
6796809165751857937419255162711255119834299053062964941738 6255
3002205173214645651885749325229427532165665583516185640490 2328
2004555594135528909418078559995555054990501266901121006376 0112
4817458314097849668170360604160149659544712307374746896694 7241
3969650521658621049883368286555078135315514277785287962982 7482
6979085645318330350425603177939722079829736185209217842576 2197
7679275491962110766553336271049106556233393005010126623606 4086
7894074537410427996431627794196961406053720788147955547996 2802
9961549878226410661425324988284056318559967147977453438075 2853
3445792556365294126436123441720080865506571119336496826008 4889
5247784681597705164271493568203359179283177162748078154401 5447
1992050204082987660242111582258095190501315343060101105365 5098
7157508953139535407272585916740066715333970830869555526021 3475
4549093622633207456826136314508194158542732129497006744616 3611
2970976199601189219894094919647086541969224399749735954530 6194
2791310860142923690383348001379912051496806859528261254693 9388
7343649092930479062468649989884933235037667231560054889406 6123
6388908798891824556253141892882330528425991872537282567637 0786
0320156958609377173636929763559521259381443531191609282418 2929

0416201178103986136085203613169476578675997859289404265350507306077884454936897668391071982067311761170637874851252110215012837332333543624370648744563326870140729421412614157858381965551412994065092167014462801234332872584095975423697196895295411218756653220425874852609276183499256523678129502030467026990401891229972380646204423844800622913146423845148960487282318045977418570058024178129492730324195249497404934156472921834352848819672750811257678211973727605508444163693066720713225322832939034866061222663900504560226668975661204561623396654722575361625120067136583019777178344616730057404569665760591065710011416473599323125793431091810123727995705943776159670989927685236536993748165066442771751639159793366606733712626908118421693738206965086933268567278367422377736381997997198578346419412651742119122166807094141328451052283380540670898696278267940317872319008190509832567070850850228121641355573897628408074405836892092611837502034836245732778071659777817946163599471823403366493103179242461025404104498066844959628375430763956943587460986385745695158537656574417862924869533041661821749953596336670364159521613054299211994803165803345233211598605666273557587861977141211361728149799961195385920622982519726904609829963950718740157855751932607923348939164387044887445174584261054658645100543068708741727032083891365852042328075371396616412809442837041081272455439310796322520451554024107074270603294709427393217234317948315190703586443190996209550863909841272646602386712246718013467297159550018451457403207176733576166904104372338794550943820776780816313104910800252177457824652170744652787910829073390023953634071880147122052214021539910163122468998508619561004862149317372169724539535218437453636881449794358137650622410815240331585471385436580057212534789599241798496703729212532889231110280180698268795596666193291061687613476012735710696141836251349147677286411218585998276390801631779528380954558782949171306818942804812162283691051455691962701836659235053351648330769475554207752915040940519018103554019183917854781339979076569826761180942052936472885371423043542649694682815292877823974063168821223732374456862315139837258397068991093644998895037442166815744900656679808924052559042170664193504881640959639162824316832143629361440108975585506769190497702681496884636966283613

002994426372937576679574572874913919176031477532179911110209376
451019667941478693903830533989934932993391664772590544173549044
340287290298985610103594762034889459848681777527974537676177757
399596555753070404927316739996782232594878740594296697018142443
003512541829021652127363210930823375064631626414923823595455529
206549277431887226249176373817133446518479808880151513554863338
791434086200242533235922968962212370900884026104782555705895299
966101856028960633973289754720627437700132220797858821312600466
886764519007395937324331461137760857466389105837741473829226066
934113644734438180146710808892554887423534423814483137436012488
544016766884621350526234765977665364690515679005115589257997633
298111537628750719588431793825817316692132984346887238157977122
412245054879091395474497572813194719965375747279004245403114944
660658017917689981142224157233493323425225449144990337889840033
537864534403546883448870170917967519087806686565612770335075466
932554877397717825749874481526489333003703091954907733794702511
261916810538807456674678786128953492068239904061221050925739388
171844053161513839851413736403885280864089750997255564565302533
645928260312481202686425498931933230458852931882448583234392177
007914797944908683859630751194477385606104015452434366529960922
366414604609827550307560637145911578925197862650285973963723699
763292799134149715435472802896637775746485795641427067183239344
743284939194455249840529134697320553286614101083856366818254733
565446380574263855117726202262319821454156383651699940623200411
158317435492084460958615542947179661587034067807157473981441788
688523561172253937476289392566269541532815266938674970317625155
735111670916605449073150542365979696372353385919841772400717655
938894159051260221195572373482755403701587553370292276674854300
491731121687674216295387314828119329341036213997914193491696622
671289665025402384951651074720110803987979835631542736568943200
908696169159220859185418874387345352197700644216771834902070744
355899796488879710881529204458770167924502103955916254223749000
227337734540261692945761540998564748609090627903978659458779848
740335777110024323018005986880663627360700956602891594975307611
097530365793633609839750890085951360115651737131088306315209324
906957352760947045135701701191892478888252281265251264940726422
681094876262508045582462047411362629843744807459361378866621844

2317233897315764912962352226328036498518808553286225734151762135
0037573915848374868641588244050615623533075044702860066890743
7530573761864245216740300989960886603536489146093264618987311
26641396621683691648849093562717564027312907200770640870053097
41637982813131063665112190243999110300888782704854835694231631
74979072674484949538582624173907717508695169762555838570518788
00128286401925158836702207581062777126604961179789527670325976
99707864285420797886042321713870198427966481350642848355410309
38760732070490815443090742030121271590781333586640649439379493
92443729770845492835970553526540667708584932339070525724564490
72174846944272900426234384188633465549836476702323831072946256
25326515838774192520437234716103279442144924304069082614819401
14574652198403573869712540087163473411645876077266346442531257
01549903838731577342915144530661676649284743819505121948948883
59544999816503666146509566939638328632834500995164192802421464
23557011400828689708243999476477353558989467091859390181542568
88013564841976861844719314964252710035930761892606701310410097
80780963125446954956399752638999430505554075958878885946831149
39424740397674587705648941225855877984999604890303261172089492
79837540593474131703863166719509839572447689206028203728639594
21013093696510557591526586873527488390618749593242374492626093
78092608310993599977043494595030797360442599422242327777304920
98184492005458978360975817216042849256056664461736430824975834
02956710814992309620540075933798904722130803893928112732735466
47614166233538913780827866877196068464757848840162299215085163
69639403335578242816089895313034423777473487117316343039119597
70758122944800696425160029919444365620770040792664657034817651
56266921634499192916347423589684084264480625728730720089559681
01924722808676875894813474568859270207845905017163052930587289
25909213784888447877987885892794729535421793412030717989806486
37254921815347886097699351808986778553108091742920130091022507
22461475336617658087468199161684258512909635096460849760895367
54871010431829776992502431519429691257360914521341330670749896
29382965837797740848031573482315212853722401985857367268474568
82078913825861320860288974197733931752265572955060346907205460
55956046244060661906225585256743927390967443175281033383956182
47978395832338622301667685513511048267768503705611953246668812

1621904422766521603155047640455053452040741751357926249634203544896326387875531661721664353699085922503130582482173077303866064746870015910887074511766130474004315114390077867811939939240579709160127342878146785864085071837075241936454744080624753128820549519583203395091470619240924946977107163008534028369059175693701237962568944088269756639525277771092482831965443397032018036945265410445175606575764027226124710007458212486446273454778944080403613328250370357292980033425185161409181374834743638314897434064670264001882582540826749537589840470528822034499320891429556166893585563430244208590586224602113047965225793164405414710744209766281654836125745420156262229956168738187020870174254498991730275076076561220930373970748289844587203444264420135117992720818805357024745585319141537462474990500031060171033368907331019970564619750521748854795762069862087206127010078378770657637482475629133777364258500135946671786898082543953990256463963763513412006563140941023719314071544504457566525213861934805668705558985148754786889119144361380875279343545891787138849396800501035987359187370725316254904517211317770995266036307440704714653220555152769125580172320982991256454226088179534018739509404554632928492166370579461533202862301707069632603019434784055648787839587455005550862407044886741620670250209186137619977728894106219226158928008867293875114114907228280401178881903245922826122718507854105807484727441267981177730328819369408890670881671505683174756967893688731536303873322818930336224792926842291463077857909510438643185611725112536968429711153882348451192170335188070346624849208073983633414921030978311415843471308812599520164529991171064180563816167113184732898711533870574420225546995505939857352512041762629463351519688065371271843620716465646990625301784288540415886043042767129898259981232119266390246016504902433894005797066822755735542720047950621394445165944320443902422872289351081977689068351165899212488370337874411335252932542686041602918562765504409269598113500189606119620863770849234421977820536520808230584823514310199796859818615375010280997092786494338337462171570267095173303738295139957871159192552162437759683869523143599102933236699823738449066531612367049012426436630979843012183956168862878062941018341175108595681760758998466561086175120105460187926181540205

95980042415594681354116272633877216124325353288420002079985269
56160450334359925464517242751695299622636525860319642484817549
318860687763760068639024568976458870319748113229933889792648214
57773419639209363134451405284469062141229135583975145740041999
92935149757830482922745362272006022057871574453067700208885327
59666791459816020228251156466036057008719274828914759368550181
55751190048748431461762318982424555660297412390555981032682033
48692782209969701743045637369514647294994708560384017916677975
69826076123099979181395368284258222692307400406829927212908776
33861224619082549031728838690309736075525609914783932858067835
80174932529488155954211167021668500998738687072708020315142396
77012005605714671208536179797468739545735778820264522793231882
69217072012202486860291922673850428624547933798463986538776187
63275393362602122865288133588743980349974525217956792038772189
68937171047538911805919494074668350354200646230852397583162901
55801908659104200282330405860402874449484829955710323293932193
07147293724589666834357999861257419741990314420832090605223875
65486215928971826596494112855669937216009494523934943896733408
72520773462050057253347281104587877618058637069357181658912348
36462975999810053436337310673593024673903722787909789331695205
45889454648938184538662271549154724923206546999182539687141102
14107711340958230940464521625260522196399222479502459839866832
61977582966323139202414071187529638949585708635284038990025284
49928561388452437585456765731791187470419333382390943760064545
04811277025142549034521413726698344882774994609010452616986279
63446438653814045422948054960832546435561837707032693637536489
70340204152444094571035888036524688754536234795855819967086567
13543731824193003214108504615517602261419679481708921603339011
62100114661908828458235385656464872133926833651305281084863495
69177180811948900834994607933039441563257540891580923419577957
83557435003476875894387073356294613558463461536776696396235121
10583160714842434405914120167155830593280700274102006176287213
17417583797418165468032177846203007922116900960345113979955054
444488922442988178398929807549429152565018123860059409431200069
07153046421806875422365106401879879927311390793694416280982530
47495729208859075552586845772540477210414172245298751252849173
11387005170152499891766497265253533618096237887995118791607748

55

7201251575195475950969618411379583030085637386936448112892749984124363503850594457800457994532627921687737468301053131988537438839597480237559903859749549422775344952816178768341544917009472606927219486290609131592867093946722873738335405042142640688175336301550164169164106244290490932065909085669606373106665627502247027873263421678358078625720331478728812563514779098450991919169045444449602811356228136106192066223503560715527002586518642565236759487214302203685913558206299521929607228251223819008297480949324436119145545138614961884285874906970186245116508852638799111027130624390353114977495695740016478906079134099544601333758659518979730332167162024122229741444409094859002500094877477589465362051903721264700416625835605721889271870314575991983969723460767789354002068127182465444879376540290215964835835346204816553585235840312598742533024874341190112376369316912163704061283917207098775387947215890934014352317692483746651894972221136327119790008266614978711056314225182937824821657682983617628394361525044104794881720419815177147954223461644362108639862859767046327703318065890846181388768893686289420269843898953906660876088418362031615539288386842749687256365603133706440811710869289191356996102392961357706322434470295741816347667844220508630952242615187804219207340904965402619915950399392999819487485724465978847559632550270344557765375150480314227421698705646844850962335089000992309201669432418123346107216358248154625885167762539333686526396495529366749271731348988600537260470208611288988490165078446610270002027927610294917528277029999398473167099027605696790400822171989582855753925696911098876648974571071224767405684009029660208658125612789226766330841065784330968105597009417212318005487060393687939365073675026609498178169858608366650280821615604200503869795151955712733794910526341554719554640855511709795853703145168146527818597737755526557262605701504825021698057798562060736296979313287226407701889092800476175323124374434038972915202376261972729955136333792255740238681427338107379785654760040796872511782008703815949205402548892760408146627487858486097624926329419828089194170318815361491565270751091643291558421972067025964788846388722855393848756642545793430328584946456136330701631736390343004679086405410795244236115260783573687018948848669612426525159380065

1231214044034905377951794801024706302444361284592213665013375314366116074749464120679479320097699281913225724726859826884758655911535538042889565608768663293064114996913138251875460664941326575368108517617933326763944021356772522550478266473886668090409156616632032758575093748597681717382032585714520269941730820583457481396633322087867916879511050937332687726757823059416818613053205774762505118020878716841921707148625870719875488518687045071370952392963868017851867290217078703796721502128514724532078848703577371466186299366464079473467424980967127517110243353536572261046436317338951789893884853140464857813037004699214704400113397588532792717965222130248103118365420725309633959792588797943687736776160433894172185045717138839920983471099289765468775834897835409958193018987874562333215400686621162152761938926948944216221792515053686454198980626757917725889570013559070831541749569729196418913872831174091695889150410070812976770450587153959702156835884855948032583561137174530990192099647286738590499390834960994075594883466808656434719749261881390097388471252205412005525346421072806170256503632770700734872631036307396500375593026042273597056398676817796602809334497203618193967964971130688746517768188280330261129302225785390119763598874527969541286844480463811607668005435802378861355227919516479460292515319612754730311766368571938956754723255639640021870274658532600092759743351774139968945107389650565172692438841319501912815339537302591431318196463176596182258095618036378527076863714999152201560165332089744395363978725099828461644255186891076735420192125619885516271549967655448682568412682877655726816706262228951888511034561986758831855341400844294493471139328430151992949952468235297746169825395242808677376470455061713978353173743504186840360097375575135676089497670181779253513055606869905846331649146759272445594472917627832735953129867391142636342768882374926472663599907219869643008187930218299848362086317283216009408002477296119591884919610784407231294735475364414451705921060925264179401646471772045874587374336121990127456143960852154614654407358912213455442600103615219572641602952843814442839910866756539932062040121453413695139937188385395620385474924539285349346096451661900699063103117690967615020504010114765622039600054271804039314861869085472396944478715457

31387705983293141944105969917878884378960090915399234727636724
77076686096659861912896465691342748155530911766948484318560198
37631520709012149583201980732675004362645408524136912954573940
44716785408092855613024566412004614290261175081396791087839476
64054270898136960318014047631062632387578713764932419040228511
19130375025765436104645360145836313073576758085215233630356530
70518119323143761274902909932395267248923369570159111577622986
06122399085969753584856664506855233767596735679146479160383404
29483860082233885382957840677204668827091564839322214008695344
56721473867711978688217223525023148238770145203180453800866684
13613573669015620889150694584674449752421186854036457970870702
64946808693690082265942245072856455943662087424420342859232560
20825915354712538522859732064074544777123849303852489893825620
42264376354995841980847855388416643615171332098129257804883140
57810121740949744957816361522677221551013195209698674604583685
92515430336130694764274946286409294315509552107447572270540572
17548957043431329046751158182928388878930093754765216369900123
96347386259398601954038907845389403630095644323319230735677720
41865063640927939933002742148334537242855973837763831289477063
27272896023340545146430613766882211945676110008517036750674891
94542267688221459346115081712067372927838425098272980158179731
42041647698524953671992149951555297947451653999888438222038939
14069649615829591828866974039308164830364653464910572416284560
65210762694469534200134374306365281153790113134550847621911141
94741122740456671388951069875835431309565163936697451098465061
71555568427805647007281747436135341268021279436830685109309799
29558850062142024322712179041083394141554466906677629526249849
29506919222905745478174546321407572098708094712291149493770761
00849922835542850719832945090127428209286344262333468965030878
70214348730921000177185649114731074051943536746929715730331375
00295258766795998340485680120531658894371590462141072101797678
14234487120049484789202904803416892613006532741793407540303048
60929480934498992234840729474565931426149589161810251363436493
53209904841991401864993029851196991732667044451519737488556891
52366981644214718882465973411136062270479011618359596119082693
41350464992357330515736218701635305831158265487495958216196150
59000240052608555139893509111428958467222518609897484084844853

5446551794050175574658851456660639377558344110265804246005 9062
9817858302225307618540618241740351470206489752469159794782 0216
4843105286121748501507386476274658513972420772870390403431 0140
0787410536896167542113713244838546609283619185585766699546 0001
0176617474141727322502448365306968626297264674896738852848 0359
7957151121837006476672783279872205027925802642684326693787 3628
9265177566327762166503402183638170091131751870325510640492 9602
1835273579272984707635052964029914972322748539512624871345 9087
9733736858323813225332567427423454977735533875079378226977 6651
9582828930061339025093413297514058829352266090984294439370 5099
0865888571724067433609621102849126712801532898724140721494 9789
5880243761107952607200633290875312243068668157722167520480 2393
3689773183006428120321497847183104371960107078623957072773 3577
7733710923343393610181500983188540611129017377359969055169 4573
3574055039419421467066596794807383149785772977118219165538 9874
1366749628722281553216487150235426504342593381360513065687 0981
9991047066387852524015658473737507961366730529543545035933 2821
3698160931378401316116719925261469025305847806112260697316 8937
1633497609566723902237622201098527003727797571423586570100 0810
2759395870426648787881569798358900645862497150125216557236 2249
1643460883359147430271640142354587218403458651109079681824 3153
3515836567675215570115865841360015847106403143721226217061 3168
7336590033787030056262458764765385547597542092361896308262 9512
3183106479957759663116824246047307025743345754480649004469 3635
0626071804237039887508764552189132235656036317678983976960 9267
9279694227187621990127764843329314212833873453688989771298 8385
6274612293780076053600121837674145196884139981297628712900 7427
8342489419740922688069329940927714191964772463879911835314 1911
9322996612595948070151499769788949980108195806393872783564 6898
9252059088536824264100032710140899210063994405568756532816 0011
5753135282596678922969557802735590066562419870258059496133 2882
7792503881690562744089946023164568580397476960568846656950 1167
2744942253403543179744124711606810148528788785109848774548 3035
2263734273207963602122008995947962934710469948140208421254 9849
0532005011890792572293319997166321352058592738562460733971 5307
5007114601655592605129672252391411268409518823438788125544 8959
1720907166967018491381566199640776368729275726215301994769 6057

57376706620723858871287058492466484824250540922644273424380728
79225489225362571833428780088344826966970972858401935295872364
65090531350623934831160585303184301818091468900126808224333663
30273394468053782464683611075379293627547767906854975916089466
34196773451590414247805946940655065247192683922043446753577358
17658846351923217436124603242432742288574991848029630866875945
76792885720935545818164050620861223715829746005234120749785390
26353698139908916202198277031176779996727447389923564345527292
33676892248332694899650571615908798694584505831728044382996730
15891198057886950666270435230082122407558932779904166339878267
00910801295242845901293254417641204651718446115286206618373193
98108853188492364008429564081406524364762052068711610005391256
52755783537714466977275359233616243972652933351932253264130816
17975702155862542788863302982401064834408097403273095034507185
63936429663858636510607072446596993229461487164695344524404452
98899728655309862011645338996837962780169886755505742926057561
37390539853532457853590985538525932775936060054554283277367538
93489084913231902780647964375179526186509542607816264248964402
88283298266615363970179037871448787012418189738150365633521082
22103516824315528358841198301952486989722588426670079918855793
45054539877851097936097071506838347321826842805353693097518288
88446429634577188080816873813657798041835322309403134859707627
27213061533053501112961635808112643269593558350974004706809874
10840834942263333453551727277279186245091896917767742876744741
48853869210641980679021385864558520990729680814736409284476412
72537389964670527744066705372912960039845126256081603741766596
23721486731421183545237728753274697300622095378621557908346554
03426849396078555652931360588772000814013691028532112591903188
56284959463948499868325640291992685910387470250720900708977963
03977273827000542411006292965160561020159702377826959262191676
48701011343294348784385148088428811559321719833310106533512000
05348186317166262563805740501057722383317201659695969153707416
60649880192589796715370873018000900513889508429637004270775665
99956175863233787976665200628134066057230542653160701671380061
74983442123816737321419728069387189001926189552010924673385061
46151240941910093289041106094160073390131607977037627550558341
91157025338988317039726999419950550963514781596848052602889356

9202196495992151292708992036577395851929498113994888960213791942453965995761044629745264063774698221742030799302223419931869715854112325556447312870844029549186746818306928502904452155019605640002634158214345326065453014694378660808468298995187307960141615789924404225417872531621451764621622521314266658278029546870637751302238001946271980746888858854949214774504236038607067560745449351294849124598942711663530429173902639895163186666372237754120128893191030253584386186264083703459801211566325209312139430444527071171319014243332348805201266041843288986445677506769713694709494335717705446927728514789035897518626604701033293260929185465279017368178883181913537675756462678519538772740508521864480724003526648905557352139691642149135369562253638929326731617972536616877056553227404086238488288043800711715845624559232275453743835765312931223485671812987004871215591773006150156400495404237516975320430853572844027027839960063562414125218661105481482283154805797062799807605081622329663862802456977475868800969421644599653783414190406332560478932254671165875479928442580730316476493620390858765365349793029398496905455199574306360102289098129980273424906806901779005941496692833298671324097636276046205597062279789347048124166728315689562988392416859618695538766749727275987039989747589517980935759716084115342737850267667609798267156690540692146409197228459569090836725669992675017629783125865935286350183907917442008681431293524249549102530040442435460250764568322066143339867286354779978409898860298978511550483166226571764187785096856969167239493661574984186901571245554114093897778944649528223681739240750166818242613183273491241243278182581104483198793282164215213613870915833831624221761609564406968584092923903403663044709672930155867583246482822105772422163853502254512166349350343857862250295001017278727684893990079432918317643020675654058970816829603969462587657802189974380236640495557339845919334611895713616531236186535300340728987009639130811838008255999804048344910321318862011908880965301631672755845145796279319871659255522753590774088671582497911052269576283370778701640491783593545509739621639226176852717932569163632014835171509086525989833607544923110834964595087244687451128211642144220271852976726203107818300000729250564437371551184484968541144855302464255791218421

2528382639073253872033589572822659549542650105637360818952193
0
5909620895479746601891912874664889776186997121841079360373110
8
5847885653205271117909384439225204972886642685194674529737825
1
6376620917448026113947851417290028297037135540359594898365253
7
6754845551655893960179117356583060476476053633145466231562346
6
1630508626831816192452196711131389800124408937214984714967795
5
0760659737652667754027780059915655475462786530131769916759778
1
9430291481670602854999141630104292388436370491274887939951801
3
3580361960510592522031218176456039070674818801130237326732217
0
1330454324607219439711287898483763016800312866076775034746425
7
2514871779585737606272488812912881806446253102814726727201210
1
7258574332331728901072555858169951278618743211679719368999727
2
4183909906635386409742400042382132026107451099668442988128525
8
9653553621857130278523511463734310001205931504775578436309158
2
5965743451169948985860831788153010990152627819802639173124481
9
2655560661011958526349445278826750721710330855382354585563478
0
8830237230969509435942193496485951409228671785534944884394315
2
6033756280031821962856054524668745446130390204635944154069171
6
8204701416739571662426726620589328282219138939133098906074095
6
3730031655020923553631460903572393597750701523156550167540730
0
8145301851985388252395136048221938563999326076465239592621943
6
0370142467406000187947697153436810379372948080055252107985188
9
1554169331568320578913174692699608618767878740236970017246206
8
7294032514512749640316655532444732772818097237412634417742030
3
8862919243996314912164946589506486548677462820431975379031364
5
1988820871284833716627034046400553435261613507946666383662252
4
1439167806150945738341035530000880543050119175673278302001138
4
1310713104083742876354999458386948744529481075134419802159937
8
2876978006771631420997045854446863954581085557028000204153747
8
7659172644941998873042816816433294168405167035093549997338443
1
3409436562745738575424105057197481774880796771416884316029999
8
5156081068281951646106226606081389291547918614983703762521825
4
7094624581009288640674250758481420478785130655964610104397278
4
6313998546825978266986736583751360556755245523774252396970501
9
6857946171979192895511493222284811332974515213342687983841664
9
0972142890825845478865903224451776718223443365104797005821888
3
6986018910751733939133475777856455377856210640773256254889688
54

0726395022251004019302459188062231305538458954479234012973 1707
8506484001251405001135354627058099368797323153652971975205 1836
2705220641006917696464479111263292727918648069929245628215 27549
9063581358292984689422572678811045675312384535921874518987 1185
1266890253215547958296139245295129594088756903257332648960 0927
7039578644715541381198997700530221753781267062352179002408 0850
7500790873815171446098152635428132182834097263623561826386 4729
1459245880859023450801485912150907060027336923385969088689 1994
7554193218327475001867756082555079087923621055220440936777 1143
7851782275122124000091725232221859649958004596111902352490 1421
4991642566717749572872642056931588990126378080396385697050 7713
2913920341262027281458537666864093051453749588626910565641 6230
1768730200677269476736891018998103257825198659123745186219 8584
9515310429798626743658110374157510630434902370417708595714 7557
0690043144967616257713678554766301553394371325413323624989 6963
8859225640173815945200916560202445242166446459535529465810 1171
8689771895302183763798813049512691370407791369116538713469 9255
0041376448657214292775747861802300768190723635209818030136 5826
1092590422670113829592771484041580712755014601643246825309 1850
4358417541888768380777279114779272446560668070502374757734 8380
4043382393464724675496039422529290403089428798634283527893 4854
4644282372644633493333884041090197651090304042709474389405 15739
2242114669990611865968148238501230789847440408400130437571 8658
5321533914333352271719374820240269239401810621941371827745 9318
3597307568329984578674370498030617114052341796148998160679 2054
8197845420489493346064407518124078049703797893470788105790 2601
6286456141930688339604773852416584548630481805489975828087 0942
9385547182288836879630594848000139105283706757808071539466 3476
1336867560217984811305297123363110534096348501293676930707 4342
8848468189322554652017020425186579585678541743196221530163 9987
0458506957326578699173726312169687816883498667879924249350 5552
8900625422473172958903997336426963722125581917602495776217 0438
3514638205218659293546256057070107994447091172026580177748 6751
5566592044890637219636998703843955517504081380221133220168 61731
8706969191401827049043480845894767708917550555367905615570 7442
1162930758796040901512811855396333830468929955231070660257 5619
0085526881724996840261754241658532344124161538376384394772 7503

90446118215624398534406311249042487135738746676604568278330034
98467883946400254757307556254165570202087383439459770052788454
51928209937930821469499111917043731495814378370474085787835297
91499596529613291146465956847337292987590878176120039542412641
18368269815345154006391054515124047936525867587835691585869383
38783963326579249445193676006035903799653438577592637725606217
59158184652294533565121622663394957961474019368773614388125615
61036777039710480282673038910756968652633386651818318493638583
56521114738783377074957637576746650231325703000660353580918775
02786829320978445290188320007779178828402973052082792192733720
68780583470481076365118002027106067485855439836892909804969006
11460069976089998659805947336989736026994351363233909462782669
64284692309565632327465012975067295229587414770223720063605914
89639654925523934859624920948655177332242097739261690333522516
33955740577618363346364049100135232280965466228537067824917645
47941806463576390062691870333722327235741841760877817369966810
06815050958258782305945868131372854570205137365545493090275284
79337062650841570736008795557053018194992850282204554910836700
47801394950462421797718248466044219759373029723685918793973210
85676576401021401679523932781572944082690782096934059384586699
42231746589786097726345414850876879130749987793983386902741730
46640305245246652832024776405984249666220423547794181664377537
03512864491492581848329897877720348489617005731582971049497336
60931124637149098260893587293418415324243372769831079779614598
18132803888691746394354856432122511730902331473518590971963731
11735361161170286370994225545308535901285233648977924131573251
56968872604341193018028313967259638320080198965623785761188241
84166767695887876272903317086698741916542075192096615292488511
96848108741523014945039809422210926081240088558636204874097999
12150329518483725575658658732761401481836465894453601319512686
07645621830149413163243514368952474875546151902846306140800931
60331573809045193810263794040476770662065161190588699383786067
71044792914572274368156673357351910994948567154235510353570435
06123026852677216023585765833715688342618447134661528143111170
91667017157296231388941814482475752109603079610644760341752253
60830964665031449860895021833271172733228407542388008915831848
33606783472232566587741633470298350317474768004735093192820269

18268622333615734112156063160859838403831397683533894463914675
57427042933292577626834205123287575219082034668666471832409653
95276142082825695176614748406287579342077681970518597817053382
69172135645531163056220567438927746211163573890629297468753857
02330343953970577720721398595529755196602863298969090025240805
02247096760786726537661527369859826062702397003500684340664004
43776990045119504784644522710710402232605452382955966768390419
24719381251288874489577183714220989667851087555551669075446638
50187640464555739385270573800319104025963123138544744173288857
72836060857698777278775524331031276632444042335685948364214307
18061626746711894325824359064505262462632217272498064847067806
16369014208923397278986535316045795852431040208599315239676780
57395807937299404492997006774397852323350045589020590662891966
82858675627992636208897742269806627169942365900159252521444914
34369553129323498401228258600472378712611564927997558433565013
20831760143982523516042751974967291696362242567357849419546043
00086858280133246334213753261680474926047917641135449188750275
42445592013102874027762185948933036544418024158490422587015184
71149844523461584461412806797656004928435244702366814355853772
35884640213176684759588366629842979059494394237440592926156780
48492654231974695786565845743068892272043429078648840796138277
30726339059462856298605462332204533844617506492892047916884004
01110184234348680884223565911784385491080238776947291702735421
91569426698563254653736371530396434611877498157557391767849676
26434869404049630461703141244104022024003702889230705722897750
64627752174638475909592856252213006576040724676768699629907771
84334686319459276230645230965955872385569188875940952820138316
92978972352625662102260321175364330910291895966095983742887632
33587350728904653947059733208088138562043299930926767082461794
54318609014514914079840733067473824973503175263956044266017867
82485808848344654298563072394495628741957249853665077414999159
42457915514392362560383609008861074730216355334876106972012545
82381890404647722139986139393734481607713989976863808511177614
55582466803538758400646890441076085258570790058142183251438666
32688158829946059322714283464467730082789803851364244282812548
47314255686497416154692310230570747570191464608201858469304644
19989721345564440138075620694917707250147298433684921502981235

9253768613345326724179735453980336483440699498367792675721 5667
3533665091804816549807749907528087290211876940980503566752 8457
9076255822230500477052407992173034608607409353338877207965 6921
5615351762010683272800052607398589916403758255217102527342 4187
1860021156701066647385821663447231731937956451856778985670 6607
4972097388823546724278717371078091650660970918404064812748 6037
4296805116236494732317769475701087261820492784717866338407 8889
8283285418620048461898496699801339784163762118747771814791 3974
8766797500915407014488320944872219086612035169802003796833 8620
0022336714342044837067298359300387989555999881241001034926 2685
4273181142219061613429098244982059544548561478448543258078 4717
3349204018544203688744549592255886201969082555048743205032 4749
1937687450417244361411162798800397896115081557473992101876 4417
6195327232434792570810764802829905408738129447730914012550 4364
0213517099631810620590018428989246213500568685260253247595 2010
4694228770078039960996805641017786921740630380135077058048 8937
4410171220517382099867582731056439297453676264510474565462 5109
7088428702396607517799097975262051134453004029720549282296 3398
2879095349027526428662066553249633678405152535209155014264 3676
2492746484255409679146196285826195430859457390945282592904 0362
1278087127234244472771302545519988703708158194807833670076 8062
4590220683818219303735343310701933795564067911796363440532 8509
9328689346777818035362699965810593344487353306183247194973 35588
3438621216539521759196542280382527604926570026920000528779 3118
2827532722238350965913776273919490241054230931198760471735 7690
0936379889299492228315574462299857693419728628279334260127 1285
8850529568323782748352105291119385863912137528720090581389 9408
9390542488562028006786979163119955098992704397020524617734 8672
5842963593751401087202604367460401915412341601401329207997 0234
7040632588034314741186186568044909016311525685400220599788 9144
9187463810151935340996004942829685229974033338014332942837 0030
6537187990668406089051068462972369252968106367914154834392 4308
7214934177102940227335360378381397473277429339922424478965 0804
9581343657272771507559441079320559862911971144647394718116 2888
6910185554845362649500713444177373682836464256014965061401 99240
7750926231002233669985469820541702152160119216915919803224 1209
6572538749339009453516032575566106095824691063054389242336 1695

81390257238919577780564416730818550061380082427349691820410139
77132502274612301608738328735376372902078646932312522480043301
11522536448300543338454118812526462399001417826133932814181834
80355944415087499301138973421038766960863413606687587754147905
43577738146785298293709491224332532223439774602714425766757 5009
69894261933995961775772244520555949764037178686684898901912161
56674186439284371279703896032157424046106696145029919933126073
00335609688158526659829729084933994994382870774414830000911904
14310358942471011945243114898801846201593380298091087213180823
53691431474409053122011481432985809168872364275305531916953826
95684705164636052245680233182626991156258289614085465595634059
36957906644993833407306577787082645019326543515888524747765572
83557111436752896650355765767931200175345308387496865859128622
53532671284035818734212714185281387118400211781359672138843279
80842877135173495015825834001483679597431906604937178004070944
00463626911577317317088646570229761165202615519192689089167177
45425214606158958618340247034636652433047486107481746916782283
00665258670077670345594660282277840628997124134790467795957622
27403285473287669752295411387818855734855598823981661466796047
95362413310312299785024305802226192661962002063615935461235599
51968149601276049308749665093555428535836125302547643623574174
84411106380645031201000189472005571387397457423742736676477486
30339062884611696858213789482573974481484975934478559561270327
35262426659565243420407687755814900075122571235315983274990035
12233035109893336144107367169191840175058104967027136975975666
32112141971983810563245462744602956926348314347045256238859221
12622855851417354217757461019635588291243652874308229262913676
38377133446741927948442844286557266500642010191692880810948284
72530420784544048168020967875334010268746503666758324890644270
15369765238423878081837549274627422358023607542719687997090966
90504400828932013403243385160818447076536205664241695354141284
19966063521570777796649568947737702081821985711876936117757667
10869821314935339782449778505992643426132998741199549436968 2256
14974557300538306329295729441988811917773619512160507157793985
71661174432198804871696020924571140699106441566007241921148146
36911309641694848284493542416240233214691866327614803784854693
02814569886488568238803755238228827790062852230666469049640037

23157955050936876017028122677392319955421832129930326294519553
22369359699646792676321483148204031021091992158708071923554982
54561191069635646084131231511159581986564872105827287677718115
27492926804605228069995273347689705820926589729234500371737084
34973214729284101891975247212201723620472531686979425552592484
29211102220330672011867259936319551828445744883630126124556041
23891497630694407373885180196459935677057923887314413016679210
52573419751335218147956732203170913355818737563963097260260895
90334392532161788095458875725254110507652011915893975754199417
24330649474127999646727165500039615743045503846747813702066346
44179873695002831471298210115373220984093398160415263289269463
77713770766278891998466286340172392608869664719648825039910502
66960532118415290895014761731911740655960481518304885686981310
45220109288185261408891885423840959397895147110566155529451429
21992313814508653523071475557870699161002619239944872494480297
77376820908778144271177412074966011923722399093383136198583154
12221784792685567360499510339589096898784571500485202164455111
76392932430709879136791240427925563934312986498779435887407412
65427213000273872982766305287930260423879848691893609064843002
31711966958133398773053937882877994050062775714374224648458579
60364768678787334052380530982686436266547945075590275256578510
61792386544419354742125826286802883552824587172579610649838177
27616218601913740740655309541282495524947060591724140961956576
37415547955871375602230633551494909466541216056127125177305265
79651116243501893551328143261552013483200582211341281311505550
48347455494244445842670136216002841394292614149943525627788755
13933218145846454040390552728477004400435019760616910288897140
60247007636125633396834850831746495806837311456371596452244129
61919153832115450308984205130366083877720875215042156039748667
23230779198988751590604242332498165804329447453645579923388327
33156374067940518764682106260341508313379518201769561278799418
51929466475342365265215654815106936222133281312080246812605887
62698360236661567982859808588380855147940659633008455108158076
84982036767734741706166338773148314709046212994224012968816145
47017722782002041176834778910632838190606123322526651355958037
83557150387083589119626126009078196386993148474831319968985231
25739127337704172073141110301052781683998235019833859991548097

21623673582284848892314018089469221904601046872705913564207158
85753290906756547986343546592411792572830025696453366524687545
62542491206760308992777274607489196844304786572332190854987212
28538169747218225020620591280343100932332625776107474140649020
00339560689280584002259064861436060161939053620865743253048715
68337603408290115450348410686347557760407664178204135434388847
57166948625982965626456469691738966946543403816782645658704070
25678147343335875604575779713110944815271068141716576873300192
57801991709718466859567348212668860979796352219056380974995258
97138226884879103387730419988206597109688927523038762589843988
77216656511985443963403860321526511042989633355702022939724929
75073498551626922762026105043004135988463487851031175637657519
16205096246322617888005150255782253650508000395646412217571284
61661563918766819537382145737044477718386117432411175913473726
39541505250492890771263354153043501490813668360365717221163446
56318068460480419557592036834950128562340287464393884339552607
63363054587511969742647449359376825327859030814601359770107659
62566399188336161845867754690895437605514246005811445953325500
64107531206735658004972973257824303788447813315408312567166376
21299521550452304457438439297592665117066860426577353578751530
48747401683642758512757244525600953141792071142819685740682247
39320534891705858465983787262068829801623840332486445985805213
81918864775891543362556682895132146805825854443904699647747226
56360598784317271216699501297846622749860338493783223091226214
56253349893654091776314486444785467927329839437334211227323209
78316426742265607623124844251431905627528340535655499772246060
73165918278466986788151400309266815740956008743780092186659326
62734808137083536089937812822139711211705361568618659182639391
57620814999386421438243027654162516984165156378164211159384286
97733312260866090579014771924663300555318670040026798067959323
56658028309288344627542558555169787188787649030865842023516193
29476516560356393014002048592818416887797801859323376379958246
87387961341514486634638788313104321224268953198480198805923842
94686382631762355049980456798643079729644512193528661455983361
13446793872074981457891990124402609746090415605280736218498283
74105583644675076117237868593229988923068486527805327616400881
25162458488806834444917131285162004354925506670807708404488664

5440074363838880240241484473482595383858590225908247516385535704477825271397003240022738923228842625613399443552544102620522946712715384588852816103359736834058306164891959902207095258867683792917610615512663072798076067377376309152694736352505079971087284932263395318230068713466143763735877210764149232028179480379924262134337948203343191146388486149819166012130302663371911966814616871096270492583371047263774273909987356081598794248202446321215537507992712455359413158238682204541367345047861461738541219771593085239757664444959247281790899167531940056226721157732674366869977229352480862918933214919953300691158458662285974505632995560086763533138252885418579051317314584772796909179646684037400899711493317594231623954574754454348774751157355965501784862309852195632882515932263029841529125650228524007929364638019825388597466853407935496390527672108960240722690216598695770109707753145210471094066418875528856976217294416158589036717664925067933674039951284172407200686414023664798768112524117517702840859347030171706734381018518554721961715375213741833511112634443088789589844547406377831835863522451536234014347144907937330219518736399734604026816975850890723119174504043278586871975258809453759273101288493428595964568720864018720728457743839076390123886723218719075840952484629178762468470810868167616847808418841328658390670000000432945495240611738793555114591145741370885093527165492311706894790903853646846032949561753537723232937859796659132170259500832027537273249588393997471195361862148367283162266358871292976170228437562373815075620641993177656735059414889063564087428181514187358546925223957003761365428755396282258299637593990461696724389898940838072478978621870015497348309707962945918917926080571282286890284456968701311416598913886312778159377472351868296309105880601095529017555668067572254968349720895906895488996544568149174932503061404950782618789553912635624858651335157098999445786836042749019596880158838568613482654367950336325246646421095892151962633782044580434647588450202341684391178717116779371776792404795126102941822464086218294683878442580970747601966277876517254179451090732774938634894437289710979113943811306811881173556590443816589791527007007008054871459137678941641546903043277405058454158421749442934075533374811014872703312602716369190209141743411146

18458454200153034875114566494317007632292809840645240666736266
74079739333100928989613450410463068137011961733765993373504269
82296810198520070192540104926179606873840894727653903956794353
53906509308703797335239558739394787456656825585339014312057772
73996256823568875481693075300167533175010745167060168250755800
64625440294249618212089131354580973698294359948333782748516437
22220677181358392527851939272532838203475766937071698580837406
38875068078591233893350652259274386302356445046182819529810310
41635471400522562664010586663827704737380544453509288664814888
22065966118390956573563252360365961803338988743455153355748314
67502346983422008413155212054949509091899736559835572466515345
39961010446738675198715452561875176708887697522052827852721252
82060448546017122203725303644256814165664528092880055014376360
583107259964944414004196819731198087820532341821260002081132107
920680424999964942757481667762527792591673913680978037395166632
23286830130190482666988009289862218775998757315965584161326487
05403406355189761616829474221703554632244519289478615312287068
12863017834222011034519845010578646832487660886129690882972752
18606718275763751132932778657558648125940930872016004295472576
20833983871462808147724818940282055219606596651426478740953688
99161425601606468999906129922150985536157655635354993760431535
02857139976425347237632475771081843013848872374031299707330498
53643001407253097795810768198702229387836714590092500496857545
58710900301618164786355176697635963059040112369433213666107537
26391158009018454887672888457125925109982661103922078338275626
93640586072177144753489341612628485099775908299116393557637397
37658529140764616184218409964212269379430957767189611628732823
49982385225600507840209390062886971978220441691341907002832678
40829031640549225521770436149486733433617268090420860271413848
93838210504880946007466039473657645601377460879000944018512220
14167515965762541595340098851811603334521922719882926058652038
11464921515672099549757465741218408722659829047098169976947704
62990604449850597737439153795911727617879282581027512847087357
92014653006403998165314319391637815277208052937056104195040831
56384044169098254980116908869332673989735789466401818684156915
69823575632976824482224011287921884244618576699155294640566290
16690499755566941439352988434425678542641651807658876787841127

70544657700268065294084609324641863080870911928772652631410218
49796839359392705889477289509920676636221097905662980049143362
83463940051569429057347712518015721155820999691017707171923036
01100704331158878388323662969665402226484048547764828345756706
68905571905050511052185415435154693883935581977378138913968113
26137272434600593163145889031125429362290561559279250174761961
99101951677898169002079237622532100885584770687183850127693277
29528040165853397238089710497459473810934041091197558135961581
55938968801980539937546346187277623121217923318769253807834302
98368963884589872004984590810332447478688633819505368772724192
67534868383559434108549800543903363556858206384964264234653550
60666815731577170564728694352469779193180560544945707412091194
96781956696190172365945838464729940190560133879186836727444934
34259743126197780478441599321756578481011073143501105785760831
58285597068678523584170501278307022282038045929208176649610664
09274997298898052681111839164788607559878234263052096151044132
08150752142404324509109671650421240171104106253326215744924361
33309235343158461698302458685749860645243047337373151451836574
93400060728264176165617058323849776432865213702932873548624904
77204269209004148514789522056856285411285906533734534696296385
73396832328114441078496048198925550072133875923680518868937526
30489101798677636373689149476988584263875682411277616798729652
61242641338858639240902840317288244966550228001628069612879737
54602491331216130681412703629449466684817775945662784049819241
35949730967751486448643089298872059236476046328745853488232254
58670304948097879202324165737901191336414911072954988090539083
96302148301180237004742420920777008267185479760247522907545993
25714791951137492489009168768444620028699915239271341711705576
96878915617823679568310215819646202170605268062841247090176969
22242925060323987321868397079371515046941603436673186344220750
70025663205789147556887475550647139980098113926131484837332645
85152302298423464448008829734942151994450572536496656563106482
46363116755307511897450201413014321986183953224033495923969974
76422755035485130199423611765765158726997689578215790591902204
83491877652440833063492664368494412291351233701268002994279949
24158198854459872081715021925057275453637483966859868973857571
24655693299051925054300829069391004142198865086033981323006459

6621813773076080882930242814716546785669902950498843393881700A
5829402093868390775369157463774466529990104017552671672977743S
8113176346426554373004638148907563361048092146888430637367517I
5890526297357477156095962726230215858555711737464232098875253Z
6860306611805479420909141213600141956223788372385285337287238Z
9728634882076781218844601638605343275701282671541383398053762O
7368039527170012437539655311557020162766969778168031964172156Z
0522103629462922212830161047010974074470576629101426871351550B
4967150032220943811098896110184907852752677392010636059072237B
8016686867416742585209526204037719047354128986753795221665894S
8154783818738748608201379047271371499719889392224823546481930S
9535451512553890348459945709335098462770020612180879017474441G
3067588391340038598741265963874837286270125277211191440373012G
8565985257170195946722604715404273108673805067936337982566208A
3331428942775830692562513760062142474681658144834710510546503B
7189623887138524198700646338066310754789403131642406415480453S
4099245239613526224796898826363817577149709815931958250786103S
3921060277752305216510677339843275314266450674010484282675234B
3731495458009451525603298395629302254765233678082735923290746I
8418434768910301613448333429017552262430635113196987920508491Z
6971947271018243364428587875535293284269729825282484359482787B
2183350605217795138560210804895840208012882953878379794205782Z
4008496856220485192372171175435536170251326243549272223629527S
5800709772928299475166588689248357999004059894584612784675689G
0959951557090593111613785416019125155211005100527497713004787S
2920182603770334579381251643754828237257207327829570210420574I
0983675109220887927439748017521880988408409256253245834325973B
6890875984211300089945571858659872439399101250870516146734244A
8737060797383434948490516838068406094807183830676444988760160B
8593291317440485620016445520107355321357047433056686686102946S
3297874361677647050188409474234148276129512519742082498136631B
4441369964464231082617929799853989980379606675219808801126267J
1739268164465993658779132661046711823155999770668858329351735A
0350371888525005894772863865357297949038055292468112895685456S
7564597257897498194614699032366948357392195815700307407463441A
1725375923687536249560274407279669799287719790568368065675758O
0251744645250899348532274467203630882154451784535958804186665S

73

18640683052618702108751121812619136168336846624509864501367906
42770608422741272474036809091432350053530590038456964415474395
88167895682699445182420806573043501223079954623511158923314665
93876381746591543714021067886373441050389565579804077089240867
15803146411494393943762353725999314941522507992173039123296788
67634181271106641033130307966478300842085850637774763921568472
46697969426481628860878748008689613775969900754628118129577358
03037062426130781192364483799739547033622849355673447822273965
84445521137827520451373317832850642199633675647179246511661311
43573751249499769325215048323344045223784981868634208718438720
25140007411415718563973511447344588039816996890234577899191749
04208324377603673564973861184062978631964630255718470480763518
44452370408089793661520014229794249825693024049602272034015149
26801970896299484357843561248018429621407619066928826455841237
10141111312979271472186276733542786758773654142343913409038535
49416903703376579266601581116054751232768748621735110542638966
50138454723310971076446419659513472456895902810549427851705959
08721227949725332795524538021462213982532959003270231309900249
56872901011062056829175414806738128466254712819544151110807691
16458878127049872143295216696211834131396458241085730581921121
27475448059918604098198575505978622637009974955884766325681802
23897898165934385941785354489394269489476672314224992076343636
56520725692836596922243669742142095823553874760472491538994767
36861900960912027093375362200390699296931034771129793969764896
31718391532374435265215107263244143792982145842878396709303285
20188228932713067346118950442854047701872781377707848486344967
28298233580704824085314228666120559477516062437950446286707029
70405535383912873321647855878474639256473598022882823974649395
95033183768339275117673858037677320616526341356323679952158325
40465822980270585612273584915964357600506105216003163455141054
68794537147432734226571839918992769530890655617066587936818566
89121157333102312053081907154656484753893868885732152485352466
97210228316236789205621432981823283879027509390843953160280911
71825357745384851241663769865846747487951405628007746831168997
96766239797470214789442813983202312011313895263095272439619767
21915566416287778505437798259100704135207429947981941960413270
82246594211994727994050247512065238422998892781022715914854837

5692440423259446680949350205021636737512050463736008212249987 1
4720544824291226939103013791673314956176449623284982899337413 7
8717659074231405217483290114604352865168766979010314697807384 9
6052729369185893228407486750085542645082036629814421318395421 8
0212076038583210000953417184237052902202692703410654384892775 2
7533257963242573824640753254284152817480387334594731974901696 2
2018768954215001540272206029102041072532709026197576567045849 7
5011721480412519616407601867447793493704546073225859089096041 6
7241270417165808730587723017940999276439396291162648594913476 8
5916306743688099015194538852734914845106746689933866399788783 5
1844493769868522785151729698344071138553266161451091433346114 5
3503918080692346662449691470969691953079531621988444248078486 4
0589114797152456891613534577827575816020583827484911653232819 4
8354453474164031568449713652627836353807673776288508700458737 8
9119481040254663595383996043334257991323784132119421592376479 0
7298270725355948812882706523571404770930470232463361154267575 6
6003468832187555430066867084412960050560442710326109588094507 7
9835713148761901508066190520453614167208741830046487710975624 0
8853671816511052404365303332413348824649238468570333817448633 2
7155661718944866483620788709112023000467562162188907574302099 5
2192380119782905698722132246365308873775157339995666031768727 9
8483196626573768952303853241197360707065215324837147299264439 5
5992416130913725500899610383841689048290479412631053879044143 3
1888560076700528288123837812871222916167175212200520703525511 0
6134253354890031681182927082868458640292118623117989197085101 2
5376652326858152269019281333206138739026298882245875576623896 1
5851428833308782175987303725102538512399685110084365317182618 4
1372363229969090672704296835311027943238518699281400760138234 05
9431906157536315461255949014064353638215088679276596904332792 5
5772047864721494205730632308427805533119740769141953523712241 9
9830695645625772195897082383514579401536383554872422722491804 1
8095570574408535570321778460395118801548165923358842696780726 9
0871669233387933041468988874073915942649264919103926778056732 8
5803072255394898628562314788253383009203712574159287713925517 3
5647133204503384078890336536756118462081549230550205351442024 2
5477384750223060140224411378050244309738959673338969323773048 6
7432056654803368621035966055031854112652878769142256221451273 4

749783003436322734794937636028132797334217362330562333045739030054906772789717630389371532252507532514233159255122076184159592456967648143737388223626844997500471016275824645455109878875114951361857369616714969075047348370241013892593150550206711128313727977254840546627020826180877352014112835415524586117263453189169003664631019488077358683046477622763986850938812046034250068684046716887177860255804405531979334303785821628691208175326862140948470221466032299635816638520862816554564510221042295520331324996112205730208575299900475739902247085929323183009436457357470397320023062509135723477003235608520995342192227930008686884953062677432046703632315648379658084676980261014799047444134166446283817495513788964634980336690697030910911846972972422278957915236151274345309525523394715058033614242434832341816687367845116292547632157304573382091658088710776726896882611390754505399455683785188308869987442440987003289859284911534970877530604911331499782603701722928648231877338308895790150298517195709635741003490524692873174575843581367924760188264823827254082701540535894137472446602331673416110917433378557666128022849465399430482049866609342646982946769399079104038358167434690824764145510903070254241307262477668437645115600688976903083267294901878829655882769805210088655425976124400519059751449561286450785187612394025808736298229248935698519804371001423515642306163002062527369620353183397762095754657263619253343878638363167494062334932370967734212345933714657233513008014083824795195761156301491933233195591888305291526224955919460827280403275906144421715945292624626081919986903528856607451157495048427562628606808172656941914098546946323581844306454991163937668842444271392158352305973958525820971248160882171799851941759124940042364789956151430305515582767486088789569307191534134890178811554624198119742623958406581986006636257273068643092755197244562921941538531311538348672617927357988695587983576263560430569775956094331220056794400147047548034222501875705911168594375571108684804779552845544250334662570388403894027755975919150223542801684540133410802959428102916112161468997223161912288795222162159053788456606480134975713950821497738054686830844094504384560680074614830962662351672963690595241802674279911887215409303168888790620677124785898729631618791962901805604757507371751

32797588052198875484196732597942451201905270662870479490067969
53008882344182376605109677483033805484721124861977858012349649
49444379673874501477769460117651526666009551851468077277268859
74748923000943275293371935966316214468609153162868944231368527
04457131659803813092633975290887854673238769145273622360811624
93646469351927938323538839377968263574128529566582286474511622
24754727118007819724056826162794119905266769274070579656215764
15564281136071045403302462172844347311744560088996231450766734
18839554570939672219528343664930583304929215030661092983553338
76646427291264584281752768896259550620254204857523962627003932
18349957684261149119777751420767889414298310064001183825513910
93666937767758713527039723201751421553028125612857041371523639
61687583147128578707017167335675597965708210444933014911149532
34322435399267511643791649784518668631030063601400168572495321
66475017410974478183682754590299571371083860339003911728901001
85316839043286584836833880567919957945854252623499408918855783
94272171070833399503288003863685875761537003626380340297453093
56709742431123897093675027595885774174039035815357243870614068
51805718010980813152725063352026267948968693830227360917348711
41682219425432634995756685379996398715608662185513237469095613
51286325345940667903285958964165322315424484035069057102883503
05297249364133355219517929100715666033821703938487074244305516
92187348217132065496867342031601142632497280297933565303264355
82384760792348537671033407214548665916120103097930022782715546
68865929202952065977335229636339452485972445038740951602858543
24396525644461000963282045743026506607940392033968825398830774
52392965599956094088224370446737347829081755521758222983669095
31478479972485486131607140048857566982852099867471364990905043
43764621231107741922718663991615153618287028503866340849864769
52215476799548211581325286463773278255278728156778779362647736
69451270285789618429171832914083346938222057704613324123480722
68889505597106198409845612494046237344794854741135617778241930
40157246283862361743849601070781780890936325344506584603856837
44364184828221452276905818694447723028977707312462854730542924
13261625645719923580792511196915029513217134034454754840706714
41963110602842675566415004617884056941811457703216674066471394
37050123837005545973804030898578063048272753024955474479653626

908865535177636301065242695708469743140891529358129641015448737186035661955206519320789978599183323267156173000120156211375828325027066871444187713710607740342977026859063889168920207691592900528536334805249228409835362263133417254392594312021345759485497560618285044399500565016095975134770758713854475429893935750581805050286892425533709118055700562227736304793089629161053399212609542681217449081968572024942547985089041041303641152429474920574465029020449684270585592489374645334565909785234224442318212632341195092137374665194292941963122316026525464447418295620189296688073800693086948251841420305014341411292072248981829547622975968266324804562717797189118476356523776226382003602288150260887025134031783973987248531795931985456673225656689772783399485237450037863734428806849098303980209875758128629636859126549422623332032714043553579932914599297555262009644397950981828608747778349051134137171298685862567868709464890531354505264133912771779818992731987469785804731087256875730077777508955847736073121335022060514846400615702013547695127218879325940831528435999486579617851479418159222648545300942587837192976768674591007965047384769252406112182983747953328911136647992634141140873846838416954581119004131166059896511395187844195077202167940515472937493133368364809158848165715927651223598685448765679797616783794587395157299902562768359002252537248562273643341172889663059868791790431001150469585606435430339959969173158918093999386184979860857511883893183378213071300558803615163332595933068411519542119267373111484230673917210436962937549244275724662271930004333992255813091830831276929179004265651988185141796482889744593358531675287627243296879434915960933295078869129344852867341356721740028531986041556090178890874211778880973823791867569539288071374563825969406742685731415453024168235259060117255409086775544799278155975565343848658811697716425847816104483186844769570211741581285360366534345499982021762549201224073014798988721654465408396830869189353427068546470776279151573029384667462911493978892884596585554466745780114309997308891280869247030782990380509868899945717585044491230364507241925583634803591477761911406219530472081358451431836362445629741263890989241899705341699149794373776685627753457690666310721214426468153497518892199495196856192602457442567377918070886

15224493861367825020016544814529751523677576522526318884819907
97923548629565308091694299468432927109110844568134456106725498
611285072240848859306072591804146909551582151306891200075621289
53769832303060706457352730082939532911222289444567152890108404
03377818793857538329438097243876297635712732125950557515719401
50975377375274406400532368597479275179942619299917947344436238
49250192114581681499296861679215324516135225603796985417894348
02274562218193207081294563145029622296632241281020497054346348
86060304416240173974165755648684964905498308001801663380495100
93984037389138030324429837926856005372481471220553305188579087
83900727553121584433490470733680829438156451166875325724169467
73497361864212989400447465053289333651931241010912422610723700
77854824491924549499438699730245598863581903169853556629025196
05930555734002197218707085065117742717233917584753277757094950
83933359355273196498399145021907182948818509177139867181607418
61878171165239444603097318199429905210651196790239863036287322
56013932689702416645147265946830699147035348431344917134982850
91407911488324546057140575721240033622432265100300917920395572
45769023361161566029952065065141490869846560642144026119588382
83639073169206109056909834961369185666023808033284718103702124
44015338938857207752941136565540208102392430182497920812183290
89865020416725425209558553228356684589580435442694875824995243
77970439430559940679411053595052197851977060131324094855153688
08123017180410538823395196468323211112057805771329196538584742
05489295985113396964427057839391958943205516581482793293027218
62278917692618731607489315536730205753738514665962960359174655
19126989239816912956853424338710593709867613093855506620747469
31758665547964706953357297947991677603796643493270378628811367
55393897255025103682047969094817164947298665795057963459583646
09604709919944281804584735952790083402132210565658799526623220
35877491590391408139178189348481774945893013824840511225910250
12056569145771245761157944992944014386125458569047234360103894
07778438001918787317457654195713567957294809011391582395552166
71547025219922566561114091742315061136785579543096635287777810
24948079817164537408197384039522026457082796124466831461142241
70777664599011433866271600007231677601913301329407727999780250
00206341086313651763055055843241550125945754360378417153696644

58275616276644968051424502460055192006861408121257298460465053
12661947486827631047587848342865545751671474712599358020288735
66512649093843934853263310694727321828473619932117372444348012
45771357726746201293590862084335864882741570448962727516132197
55232040809935646878175910203122029942024477536444295043801503
65162178811989846342625614130645714400700502412583328084568976
36295567209554646101882083252727097776183163139827927624910181
99054686832855957672030804635632284171354519794316120638499840
59758363672459054962132633951065413298623142373866070584930629
63827756042052002397863095210709392675117101765982226025516043
56579865219635817551838218682418600091990284134605988849123813
89521231982950827622531124121196040326530197924730782580398031
40681143864195234441712656467056483260642249740203432733442951
52402099853141407463951819993738603510125512045942290669504562
83703074761476311280958123261389542122293476158806401125621193
41657186223516372938104852390812135883309043722535557181745383
56464644806259965313205090006029460366504348649369923449364109
16398410650804161484438914303181559973941416197151022740608717
30872204609647120643343147173862814011368702010323417171921434
74829978087603608193343724806248913098745213422376094644715229
02259621559163697947150129651462645903109140865611543367585022
11246849743878469277397644031734933835502116058740751259727212
91924703934362092630600084057565530856900024726319343510578607
51322335205763370604614469849255694309149144981307965157972398
20590844450579204947011680747464616975956386308166953669838468
29810692320825745488374323920710186720612233815280611661206428
84199672886324428598879763421219683285274352024840383689836815
96580185129671608127591651527374824130733941114300795570457266
83254828528928662851418900265501785357897200274239223925559371
19477191135760209317196329984420272422306157108355931971126904
20593390970584479720522760016722143878307016913983398331287560
32947879693470599771924755159586151028914634443788530767746174
68009881122590775446455660873667070562955640104100116139263663
69930088779704729504773130373593018949327372960900689013555166
98037262873720802271783006845180097636062508105915906419800011
42846552364373896605418619534111958571467750352245281829574282
37236730644589778804635868950481775936374541435451939399921868

1646587685744162026337449800922490135577732601911357700862599 1
6911855116294516710625920982412982358865939068317690443286152 6
4780999089405399259245629922881892736805076240379120146777070 4
6168833690345948433075280508338575048608376210781767988607640 8
0513685114006876187148955283889507556562149199885192801586375 5
7095463405588230044556504895779773811997561759976750206327574 2
5204845374838071886107917010694220218277401559004386142267299 7
9859388412154589285628751848256714502810062879512283064593931 5
0808531739999257564114185076745434702080840886921456205826673 7
5049502713041522789749812041863405833386802406333493988208966 4
7808255878987465746517993355341430586008544927578852260948337 5
6586356235952656249793972451113372750920891684018248827019211 3
2668303949312291434131616388803051992055714885079345780452654 2
0200184536530659599553803124845624600655926357965926089236117 1
4706631298420740177080849384611570246566906018186026323627961 6
5699487603519368288776106122399547885327323486730884781062237 3
1738973550686278307145376685335224792853463555836048076550509 2
0939994109981962254019702245234731434820096469863730744263284 1
9225719277682328344980741958841539828421249053666746526688353 1
4999734523129947582841270080535964918465222324121849788077125 5
6329227085059225509822498780110847109901993271323022580131407 5
3376013728890678242094211756100778010035492471418078734354837 3
3283579093300989943952252489486061342202652678062985398089971 8
4739302849536764971676572416821778889051068577159266583867666 3
2419195546076815297407362037096345979868978534311259849648752 0
4495758704010687182512399131630151406173362456632720389977394 0
7060419382544509170831235741254432682214719753505172172139835 6
4284740103540366198011170483960147876872719392629965632845127 4
2791226696061803904589277378220952973619766732002444777675351 3
4540544371188266728960966983486976119457319779579528698553600 3
4592912568121957142302578925804255269070236735687755148865165
3913592459586029115373219218411163212505624306014987651117812 6
0880147446734992371824405598605707404045112019097804343766314 9
4333648944848835998803124127060538611519254198406477335247375 6
5872809887434333653566287230036917953945731644727873298290931 0
8978244676517499059712641144851518393676924732098559000827179 4
2514698555945202546597028209652013328304651408171463906010789 76

8166571150992967043364665482764565327009353292400381633384721 3
9289479318765565453246363548620635103834706861953163098648350 6
5496781308127984091982071525932950487560795978133941952220297 8
8688493904181372785409507727726864831325164031182900611993312 7
5044175024594317508169265966507239944245220631744452554400213 6
1797923373995739178923632773787828514491222400061042129312539 6
4750744783547538093151660648700546657572868548549047454862697 0
3145908214195562775259372242575191137281412021974004440565832 2
0224478966026655163922550169114062047528421785182083062338389 8
7272680683840586834495702302787920374193017164571038109124497 9
5191634225814794026531537747810016921721927714614502244632654 3
0330064907454122403581830851834851440535140351939710790679822 4
6493564091302544698628395533324227594820984309418647088295670 0
6921401780602629073811304403156270581234631690101092213424862 9
4949304024358972806565660535631312376851134214384341513890883 1
4919152272752480332757858023748783409820903198698951036390974 7
2418044235339580897531307030201024327204510295280632661837717 9
8019915941779252799294131916839563668872938825423754268798699 9
4088763398278664055358660929846313122803290199728204262951574 9
8162912131490151765932696850993449861146483492269493476548921 5
8711061268312190931240115984162543314628046781658068099869208 1
9505159802109898252822704173912569320931408273556556435873412 6
8034956977007023051618720114987616134327280878822149097381157 5
7674619567564637820550050234304403339941396351304160166678494 4
6205374007740541848097766622169791391044503837868648299420337 2
5937667438325643691450633569990749425475464961624049999764053 3
1241216520288030792452155086873070345286768505638880214385950 6
2088534564480038854551929255687409349529366208319737579675456 4
0561853115962440399303678595285393625964666949829130522170679 0
4872393858558602864404264693781922916641414127243643110234964 1
5010032391205108157977615236477657734689198654313767092951781 2
7186101022682771253424487483366442577412060432661917746979133 0
8865811226500767705842280824112480502987419860574735719591631 5
0333998390205833063062874906887933506876879280098081155287954 3
8120716854358990607104024675943012681733647624076096265484795 5
1797512070932237996714473890388682849707485536892061083828562 6
5066745422553002528911261369607771140629854160243157238157271 6

4777559720043874184795346271908635264379011638876880851228534115141125463023451711575779568336438519513321562066932484654429141625662911406600289230051739463538564642764340070662933987665018725436323577366556825813645568492923739912654788457099862097356887054967948591753708683794438595444744394416168968415756878152273939659866605582529589691288436645364603304245239422543699163088300441448364940778763868006418404422453573340111446952082377752159328643984142511222202456296036407049673479154972512549420524900743113395733622796123692808638408530461259656533990878558679978375963953953205862992183774645955902676225377872622914461776020358568864841501997592222545242139817340284067821179689621102034474370827579190634837500513579913268053817483139126623373750920864880629921318832539395645993556752667032240695856516815011758471756750108710722862715360230196955998187766757569339321811410620979583362627144223353378545388944748082011412517220547869561762019368267977612155759516735703134833659814819477805859303186217778054428826406082846009004337582100418769538100855096714448889555894012180543310469300347858567812066452228454755042446131252615795569557567342964437445450936895173867108541662504031879637861284041507120295618620914051016242168009039515916101095991772377415917229672646295474003762224589934688411891551898432009662589285161716199841331704689643943450221265030741336510304094471902418656982585903151563386331709936837595921387237132018946563154712240282219003311278950564759828220814621427151508677501225613329635237640000671624767113021634439420320515653273460226939041984233063942860026379972921694383326274366029002751508908374244557018406738592548697745177183878472224126066994763562570625994925148121757301405190585922183811104083625964152807850098904295422806767902965307807989540658893058083920456244130246389034678496571778384363702490593647324598851669198038048653380625983155445271880922013317760630242085916588591053957111858248252044333910915070151445055917816356581611970879510187271856243790609835816997720986761260075334296361477357929889479072541257915808235699453920924686041757377434720632552569747197475147255243866439796910806237693995336499058093157269205824461931957398315482808202214031384374855781000669777614320095504404229720464253387512087583615563377

16437578016587867503766862171997277782509654797442731091236378
21960082073336205780389728787629908093301306657949446087847666
55560204946768564930182477385241963180043252814670119734026575
62255296602507316010859013787624298509024983526493974533115204
92204048449693668170039181737081869927806732021046752295832279
97092291307830146592251655476003286255121916921431583881955836
45240862605105776407084747194177718187097378429714715763418938
25448751695747125735822553125086118190607722729432790064068554
09598026724289562583214185020887886378854941282891020832753390
48446351737333246536920848238234977686085180219089549336300110
38257598365118308801878717051349364248541411394691775072023272
26947003591637563767873432229106014232458997695741102720825013
55467067881871448681095038664849237811338114160977442528646132
54078208036464953388341962660420845177387022687991044995908975
82506252245434439195396777032434684324643377327813699459850691
98298545040328511255862299726889184199797830729965077699793827
45289038957965649628230252732156131632409575213056060798667849
21914574747455425494205457281985930683717501233804778893683031
02829984667930648804962967105485473827024897495421129656136755
35220014144812857196312845295553369494833212975368297352333228
01500176855300043946477203637062784856215419205298830224940967
15781674754430590711131058866271807892545605241577881688848877
18745271472232225802174856315292044544310929726269554934056150
43365506420979935727047726984820296600034933077172931732653177
77949227791530149525129001378538387544103327242881734376413003
09359368489902490560710389996868304965543693636146684377671113
63495541209649713256128652152075984465126779817568821297057753
87451242263577077104553028521032244139809554354670621821779314
52673208752320605481980662555231353510076699649085880255791833
38895134740709694158530072502675140574506771235779681844609879
17526945463713152083452471650135431593343019493133520910513094
21468470146113155740229025092774037636648416852571409511027958
50267468206790380739112674430141398111509627054859654125110815
08552678840946505947357991143496229708831870529127525019048625
27024435276586846499077458311660979233310799404643134405983389
90400028303421981044957808286642031137809222660479261940443554
86949753534372749741533582154501263805293467817884027886936820

9529017586498698728938902210103788055152543574410085854429331
6959874387349089968642388358787224496705498011172123549104 1522
0907180553144497649046795680097736706578825819802642522395 6083
6866155988082374009957667686788842122064070592971601147266 8262
8189295286197056481883398958534223021995127902376679252644 0663
9591654850707006475580049091408235516443935730821063491251 6448
9779725431973311017781018248317821167749277410742274309686 7764
5456066481935629475932635629739043331468192703187655007439 1829
9032268332405239028618953307028792669475186755156937052532 9382
0978001226267637603311966282474762173533456620090003995333 5225
2815816379728701224209039727339210614157326644094918073177 4642
6653478037947143921025635558423715790787228748966559568547 3839
4223226607749433145584005911857564207035494412139093024267 0047
3457950017465154245718044680485938046569434669096896599906 6749
2516130315759617567957809979348828034386837526793973509558 1728
5580749363775663011465015954692112272436639615496441968241 3945
7604595657566921541582002424162859722801827278126071047385 0792
6987007396770337698547413795459245654857999553175095435859 5772
4512915131866272845657553918354429940399784913052935136940 9896
3218229790774173995642123379719232647523679249134972584583 7402
4866877778023105822859073623924621460425244471622904734740 0473
5696047914651146233593055037500415468346616051182910139454 6085
0335929438028505479703342184492817817859851633248380769719 1040
4566212099802319573071565603235881815118795335946103880672 3751
2101630937454975236383439480564807472852667379698641818393 9291
8213584279359711035922043492661052796320626397052820107055 3622
2888561578878433991236968881593644378296452287164564767671 0723
5053225208313211444186764898615271327181441473251885471835 3002
9445416905097618525860869876063593110013786116006330099789 2763
5426216074480882821271261379771553096990153159218667941029 8393
1710896973722834024341628240010854567982454131995101374730 2783
1657613360096094404204014147635593370771621729764857677302 1129
2914949100787431547067721356618259372152299836279557677935 6319
9133662685946080945209157436976185890287658964092693186314 3100
2048505837896680479122188948048303976524600647974373399670 6129
3887854319825938855350932797944529796290603275782675757821 6456
2765989954872424453732052345337882017919189440502692120129 5571

62433575693840844658014242449606919053864743515718796598614492
04189391951511791261909108055981061483555993528669009528619458
85586470026548808547747629847961602020618414934123063364740411
06657901785716782153926199452905276410683068596269347592605253
42717931707212691919467483116573197156707024925375433896022854
17820282041700907353164766526347482685144168691454847391532133
69028357954561287468629318610279072987575732529907054527814518
97455860757085960056721014694112864661176730901422242422772279
47058321766658062010808461680275287054389272125450021424606554
71144064124121246540744637726802645885589635714086112656572194
37752064013851731015841255427645324366284776114927415765633602
81645670028230049268124847750039116183499867120863979689860762
73107259718504042428605293302611053033137600714723235705349467
57885983654314960777163731091460970920149066572929091498322325
08132694710093836274212022653989553514444836022616285473647724
38182481027630284482139245561827125732564998490231947884639710
01486783559402415220313533428653153481423764813886869247206194
75737732061557851650961024352661844736979994044068235643301011
37006923161703093629979315605333619270110761236984980645441094
33575273225015171484823557810800868482073754010994528600560799
54143186082821487688435941080142813068567646594967169952585121
37086570443183507877472844507843542699927213573939783103039433
24827312738893091378029359457303947003340774642643374437784026
91296938450157390013765359615474197892598265875982792623384263
61776221039259900929855535950662969717903821244861762344714791
76105688520262117601050600088381463173130875958195412990930052
42147470562904588671132443469923681718759809802938288895661806
33964638979169653827944064275216508852420441770437626866606293
30320461353870304380120358153881347378733497748222216787906025
18607259256707334842177213309243258760415570968777327584189546
37690129631343322844738263750622980984042496001570870013924066
57221192603610003342518135165622508752092778995254520210342064
94269799448318019974525027145570100042335751089563089242896675
46689770030115832554766232809628552981551736278565552851378213
74933249600043490452002484096398719951644353048555889216065572
03295997940264757947152819631546998260976715097585246307388300
92559190659906184939639671214742793097870430870534843289920881

840909863639807751611877251458330268641139318689836075542378059548111069446265598453404005738145053556629469233636638434264490657144671771586156627096510342618864152837302194555896620293917386201566268179798094201029163962787596589331026287923855505838758136693019694875347471501042157077908806687921748975929221224382676230024065565147371793089162926898317341492873052458774157721552735980526823070099659214442500501470160940240568743893036583217942610485289071701880799877136078051580100404050177522867213504662572642256397313405621951826770817533116536599456917614615056829966598775415736562712003445293313246716256665532590253250980635512652059805476196977598981718021711064554013929499681531189075850361708272614107983935615829946906453776608268565421548274278211849022127060629204136340971699125620296374726240559371945146197217732756916898233566537213836192508415071365223418891023698387020881177838349047930256285455585989512473223388525791415815851761867783159061141122159287805100771250629064252577466545253741780411259699829565186661820691665116674480542365499292897660554082991531916367537448847916634257233088976059940326441151848502243569812649764289357523226884466254462534196728027027437776372432719775399004654679287608577118080139703074072711904189936541729866180358070741508792724286242191598426772890932989937922013858244608021388589184687119142363802114290362023947801036441480199631197369878327139159199317744198703817214016791552215891816232151542806785869557065174884736516755567591359654182544054807318513243172117769228968754654135035432675733525581130610152919138271186015130852237190028841416491453067313929592380909670645202323560667935876040116757550626570248891169673758317627201790046040026767669274962786211089989024635802037607149194355766365368227099460281541262628793285298002885597497217949993464529712308810525803976604713224700964471936549068439873504850878163016741689626691607264770116727765515604006683477413816078781801238921267251945236372453780831846883143384803082516719814061896808905248332056668746190148326836775881876422780524568565798251349818956923459734035945694011322715063813429769410405707299026238229719012789684520558580715794478105907169394763962641896443592635067298215287915491127504769895518786258080163960357397873470337183555355548

81815033258700955228913888638750899482110729869129502344131922
57846105473553583701514254052373847786352903324168347819617875
95917999446009873498441195495115879993057987899290342157795896
51626063174249872553095847913229326250466408133484889117903503
24244839454671604916984463204638838227432753804269230346515407
05216879811119427581308554330082587684711634809137564866412504
87228072189853700863049931287668965668226541288053138880043447
74082467847681021072670628399332501550446266860717340084211667
02046201529154254278411310691744575169512390098578235282274420
75449929281965000476789201078153310104183409444096663298071774
01108579746490989954813151596064034800760550664209849377084650
51694088393412891983399885651999118005614729314266293063843863
15889386259185884828738497120869141426106114366417985482338032
35628754847999461913470019898934059138918384936924472302342100
46047376702332952959359446530787206037165444238556509190590945
09501745153129294224214993479644003256019168814305894740752656
50531284698717447033347578117833969281083505885397019511723083
36620344907642257491172661128529478933141844415554985700290931
45997591118729631318224797033526668288782468090416828821336903
89168996322104674387295397401953135780716898781126955755586575
87617169205868390457677602930131102446022259372033564304629223
59044945885904649958267360466713350066154393466976434812666670
93512109116083337939337267991603185348005631992980235274187032
12225305158573303396278164155888388894940077054278363529287047
93293324647710644540373682355909591364187220857926084079730955
37044610756768816408737894928805338777636617366021335493161690
92570617682630757128200108271532845593567781694955315775642386
52134563702695685582204532633288912044096272859347608178097966
62984208836469291539890170340835544884707935929201274743147054
16997057172941287998748276240678067986053868029198671660581472
24221838343600513928164618316377707400285912836676113638728887
66686245102195639805294990752646538358700410415570055324917206
06066981838690609151717688332025209367219649323031369090306135
29457286583973680331569872527787582397722970116702769779858832
46768483373047103081178395979320428608716793054564708570447618
82703297122614019264048613646095430746814788366994977374152586
06034134685608642683645189454880658509954119545461419384271520

3157921617371415216283586705338884137039063287846683679989733

58076598059373623241066723488845984722111991595002836170240450

13358728270862033102946724377213510072603030079393117244854508

86858261048193778992199378920379607924568779293147669055908581

78973274259265121561072615470988929983177479801465034439187906

81249496273968187353111665731373206822046404767870789484049445

44899564846651609760604547354470052216823920048284311992390626

54860265044867152208276908294858949379157559893790685491879872.2

87384809480116830382432831626833765047001115674356042390523960

93371595946073374078870909786191058630999709886258012113226852

92755042921321880861192952747633680665847779147545640478873215

58880039666644780032446152121179467254554763421704559864337656

56729165203226985260499506909394580806431947246609995281473236

05930923850550283193696807928936590957935862756437701115841017

92609777326619286810591572594958413631062803307600269660571080

20140233269716315236057101432127065916260029708514615774031734

60938642486128413201574909559965411073998413444734565069778589

97247566850804340076014389159257183767501858402875253239528073

21558151518812809079482714038833024978436984322732632185229475

02267693453402530666295664681539985113208060778593855737400465

26497968599283595347672778108634671617814736775044871140972745

31453819622118875637622389997441533193981725653904906998072414

97993320035717290507989440763376561157806282220043949378359269

15575450269251321321942976904476360154334321509829191313914356

01599252020009043134556453853667530183845611045903157743747950

80753760985519144340296914398147041751626973458084430027021669

51445618297011195131877208277943215204897613708847815952573520

40939655376835482174297645716025913155136926697533679197475357

71349770579240162241994654185126371882351560583031471407641572

70169727483401077839880798181062124980860359246435586873716212

43511845252139249037821511028637194731433408975216738542419604

90946550437949283676460430447327490906722846485880162913769711

06552714916032406136840957968082571671964730912588056987024724

55848798433991733780603112776851222631537925226096225220561543

26406444007865834953248491213943632525222745165446040487191652

37760680095731110482505628921753531539181735100205964195674299

03480756184902348531411779795341232112376319883102505163863141

6228631474410893055254742372128684509068980470573087940657756479653498934658116715951843128621818466681685993074638612579981888403043748932724323336286569813378193088220877461054488312066326201909758163881697127828318265484421568172722440990046332072360905882163817548864877204016538712454707404452650585526800224444843439489721982943784438815625864616959484684497318108036585641174378085118399949409064860957000738370555188930877036945506236506379037499631824986373836689667941475778951038326471590885599646737834669803527826867290195732706744548118535902390818000048294283568359341698737033193733453711521561248327399465139680700004783900751062889993566018270113985161596982528964655406475089969898480252875023018309488665555600951498852027873305677874774322890782283437883857506908005583599970123434085849381596915152608489508108999525188710667724173169234449562380287600015051842911251092889741652319622142030592696660982031805715009598539926140747587656217465215741118688447948309639592291856293267653925014560612978716632621410659740434840974460075637525179765047748330918484590549320535828106114033675175062708060052185165974450821866059427642543532078599488228553661721005945980516263550451153778110992123837565134592472196685047694102436767211938080945365245559762814012131183798470928613640131204051638436609648194020754951549407307285472922938773789430676853056482116871250442893012496746686216170534387699032348680886894079227921974266879140695160278261722359973143882148490140807158579419139196973572900790405545442849829901362970310050170186201350782944143139916031192838370690006548340990145948373827817621820339233458476713816544016953064033974601679449379507243621941040579088036602959053049529774433375019391297133941233793278550325563485042044466626841508356652245163280915618068131007466904072058317236047606022818728852241391312725048890992088084060592114817573119286117520734638097337673918153611812621061453437081260429042473284123758460076106044739492497880178988794737127677318665116126232510283055400359061112632219645805300344854408815306715466059081660767077261507873576340559599385684884318207586414627586888301553365176043769624468716018783109389717925555990807743554523024819713342436855991105688794694923973239816799483611892035509104312596035603646946993256122290

90

6120826374229105452768346066863651932376058882709872651644 9455
0728371067621336166772140417942611395220379652417162473120 5932
2599195011391153584551887717571938269430070150948014330310 3664
2619281356032901214658219621712722643661742939948936780948 0692
2221819713655472101366334424295133797071037941063342103271 4631
6948428408869245595532475811337516093937515608839691758452 7303
2594945896564694948802169471781510137167820234224732811446 7702
2654389369966736980832853832623227733255415956366421470627 9631
0678425127956281919098553012061158711343264576681523824578 0656
4050350088803659987369674067801854433264262161628202503087 7326
4830931334130190665231669252831965493430327661806514004045 4888
1024292860938932217467138727019645865590194175399162116494 6965
8187653663303160391894750644033438298416622030488403173773 9405
2257202938389273565433468631625163007724941320129834853991 7664
6057605668279044965354631523661473041930059986201752343080 5859
6444310148429762681284428946092160470629469266595465971978 0329
5097705456963252408117167250627160308417398789316372703183 8332
7320395864781304048825801996569910738520470162608153305705 0379
4737289411884286037512573516722154247445273076587782487381 4953
2957895863016846392649948029931809301508647439039597738694 1018
0711651424678656639213303198486014349702448387785892937702 7570
4785719241089075318852460514248481739529569398299022123571 6084
6355380856377573582547208379006440437659951825147922262081 7710
2076323065826927086874371361818963475961823522725945930254 5590
5750555848767529604225404472383797979530294761049629406648 9963
2758231612228940203046368226649321005633221086358879876472 0038
7201007422493523494141003585620261745134918542765794490674 9865
5070996699244331606296104618865911684039891403208961274139 6160
1370678335217142255986935921057005567181624621757161715986 5439
2741968263586612984428891530406392684664460928413426982836 8522
2429859413165668162432723940129007956740181201245187143500 0179
2840711181834125755099824040140091423278917959539335373665 9627
5778411221116425460879508390043362398961318213505434938557 3501
8557943156299755953496347895282596162615395889949070033008 4401
2081545395816885007542268375673078000013186113571914723146 3900
8484532970885214585057073182393120557330058912983976623897 0475
5904321205926313348949851034621341203357511467354817058502 8031

0966420252508712907655924750499953226620106629916144978396279 1

2884947175099489315419211681509477191874112764782067310294842 2

2128621376493873658744025968743700700807732083685839296172084 7

7758093769718051426830409157871009526204083579907636912032233 8

2255894752329930510000725581054881108463866896219823721275055 2

5907864530526188487677756685290296473325872370206517961114374 0

0386249330251460280678281673275872325018086231769722196396515 5

1005417702843052071075424463320455978395715833599577646220748 4

9151091664900884507846206769984855237628801786583982629859671 0

4739676333354005587760466293822831479408640163613239583256934 8

5670857345321631737408255535542064412062508540975869647865685 2

2341245651521084218032485831579268499766429870985570776906134 1

5503939868364726778059476585976839329523271827315724135473678 6

0527336433096368699391414932137117868711839923669476453645755 8

9654567511764652258787348166042518921277107054647025784237539 0

6655909765861718670849335646036264492194577900576361954495929 3

1779191172123770422895265652714418287805196217550798437803523 0

3921365692366093388337971003969743249547652588383592270939471 3

1963173191894102117299673490629214968426503551972853360725520 2

8656321004958924410023345359717442168132007246206274292889862 1

8078698997368360630081751372602134180309874079642970097709883 1

7861290098848426448754701533917488338156997208675484665567497 4

0258059160993191202982852379980653965880389629153131488622445 8

2602945597454862507761570086591872525010786479399487777937407 2

9282922518308108709945392804273075594554779364102167599783990 4

0341297462589722936295496999974443584976407953071960330224014 3

6277446450851065551099998752112166653902280032891113541127947 1

5221370828050460567167019824521451325228073925322537721240158 3

5329298630967068734106849053149976392004781508668338488787409 0

5787094116545936014128738556136098429799506227287135732489060 5

1064289044573002750989441869834121967129878079822653531791424 0

5728998507717715824559026597184890572347768245688247264755620 7

1756214960768553616478098946055560105175154663226020505770970 0

1924600425466204435667865145708411025933740873363219318562778 1

3556826708475041950138609862768107202776667132542204290620393 5

5920471407535734071133087362461768107242793442731447869883074 8

0882590991814179449361075760130874780381929047569687212650740 6

363592685566986818180308626701031764828783013229246327273145117
580495757050067862894814623006541121681644643252192201980755418
352567811594346757219877969826952958263772538609827426235015559
40717477681413954498975637128089043607646564499633138293064943
0535062838395863034429108036623779036256689248533582783420703300
50215359346918967518181501503371826125774564418229530230288502
4050639293828421895032953042185779421030216875335663713677330
86062419124547399007968433094632704492031648746284131487198849
2237251918340322794854769196551722148770178205184962853688156
9107431366640887238703888520267167314769201370980078542923028
0269477160793285625143750986580021030782084543628673555272769738
27609713038094017037104098643683615783508046106832009612342028
49805494106680839886270790588639397372634547879680922079619546
48411666060152345274943813399254536000039487585718618134086862
79529558929112463783309848417253875250471713466054044602651877
45230990471438365498619141855757864333462011159873757017284578
29389807484204633940627412439485703000919564323142407915262591
4057532762712581678337753348290113893264998667544072347020744
11365348570201340166888751854964605234716649190426291342693947
10594370062084523142949584738139450583010754148260721171903599
34184284557319843894546269912579485510701463271245946841918039
18103307769204652705880431159182644377678458250483138230888510
95254153507074534868882452879469600409405807636262034286919993
44414844706000123694967829038225804416503670885877243788937139
67895981531969176882595708097061601662467123729779600548292987
8084696086823553325778662995848175167837054591142672787286539
83533098352926737478256763681304737431255555432040529443484817
52063327368461841823621705522536665077055381961622868917246822
35949432353051688489797965435228138128382513012784087627749436
87157106252430942052569812519812395306143444003452673899547331
5508450655715397949387378257693176096058036640157964035679503
39576740858259846505529339903425435657331567727630190792073553
50720023083993029573389494181513355156570209246512962336042208
3845549403785825402153729986403607085195621262904710235313260
5939721094435139566504441085647966734375139186581446664859566606
42002223045005375497495824886848693788922305135023493876887752
533274817577916692422611381684735895690895132168107702806525033

13728393968877826007335853145977304434513897970444024876622771646464126316364945038440461465575726244588849141364810487333372443832170934222483749414105620951238790041528607034083342472258820373068542618056779088136240640186210760833180637861250440488106820178274158922660851809817031359024808367725801179658993107955735929276723442435378668728636399713059977662663038147501609134144807095007602736422263052282635083749086792070266190616333703331466608627427714736179628807608912548585050286130456909797271836461835634213769478688183874170833073000343213005606912139769282455970345531942263192145939653941347035137009952434565128508307682920628933425639756595374679632819865537967055839862966073491088128607209362843192251220970338165291953573009692953728603703279918706706966904377858286150118691489762063609102977507381503427670219547228734865804996306002364679358509588631075741552993689878809864451620880573630066628840754040074881714620670199218883164310368367392499953520520281421430922498853177809036957255714690995238279886093363145045779240455254013668204000669584989344621942626011549448932428316515341848547946219065097667201642409554240701048960226753286139541326152486441409055746843526674559988781789907660226774362170205964591324498018343631825917126365864471738579199915514469714507639266030354511490178843830817869950945171820288340475660973574938707789730846381273268193974882214416799676199693874076024902863978794316299054613626742126952060551202688092725037553180456673008367101637861060863917529112126133960932346556610232811363244435903556844068905527990881414824678884494702287054323934149411800783066680148536573803113108601310361977157403395878147076028957759203010825660054633124012531013717789697076576002153041763139169637195664072250152533957630457381140823987507308106063794398243313690818913986431225173516977464415535058422447415070453317448732550720704367664848002664748755532672548968859176187224355783181788282985787928900496580122056166393213880298901492692731880087507341685950131315966351666477175792731698496583259360607146768980916928080438571398408706223317438619571936280001099678381559220605004327928254559484280856282343115854522880345308322817997004912084717729579188082877088044366900007172842496830932848538041611774536656356729727181299495556007164 7

2729503958285485223408776826749019852123565694962536146800949184952438669434249917239265983153302964126825734170821449830971452883754603467024794891257086715220439877537051995877212653108371327598522494770512457872655250390311660394741312794913893817139133858375461118718461282426510156593944076989316629018741095248579726860938459568095358113917074793861010511221326417277315650981203191881751335175975919296253908229053708897739868592487182252769875143141404614055880615404792759249107989216541542914040602677907553038400785610340983522658512838200247059396370405637560114289405753938864982022351312853589587412472489136312815081577665076523264287115139479734543141535151827784795806237065693532614461633560690210844000562573487701617564862318156585078324018052167869410976976355337812666130571731743277800099859285443437770206961803295746722038955889582084836280073783354918024897478561715226059262396667005171455460164018461736903128658610854065993553411642187488043406985023574327083487942375569062871425734860058266887961598277404687330419492871963140534222345792120464397497414311549818321839300564489598247440144067474477152115682569578546810272736538819621906816045800293161448982099069880541363677440892544577403894699646304365335053381625237522159603972232782744480788121085737893344077901738538442167111281255460677934193454358864589983688451404899069850086785080717968288943872467900709546408741699063573810090274081342604316764077607586381746448263278554975784232806245419965150936356148114073769623026528529430717670430253902395247956665734505488988221405424140961977171784099225849778377275016612267138427073857033870075408650746461534189365184705585550152318754157494856120493798583434378459553655496294567588900796928062129027699078155699252565663939543360622670385472237198007182063154023574919078203249540785780862614799582732139473771584330757591900819052198192963929523195103782118225842102580817818492925818862861153092464795954329661112218666565914213138695791713639104184417252456722800490768951776932231920950566383522603991574612315423714379699511508966466511627115721594935490543048164558073121933141240333883170550069192910164248453310423752353137076142129340885560146730320108483477183039799862672765296082026727229547459781648228000293415823568016793090290728863195

6242575141879789824559002308278235304439807398424109135779775
57620264048819115389296566715359668661193249838051802391375552
02190939782857275953511768393976895210718166032308542157463075
75741804611198213308347961523527267241233572017816785592745464
02511755747353764950293800032304545579181552753541947876354419
63569508796625937217127482785502023405603370439608555003458522
66366253662618609506184982476251991331329772534240116338506616
44022309752779571306151007941566590514619307558192619002178150
47277020390497762114346250437834036943226200874973821557268710
05719433213139576292221447781044112129367880734683585164783857
42929679200021524294297260181478048438071964047749660990645078
14225361845974663101967273620881869734143843279906705996805744
96231963000032553124905040419943569632372245428591875534684390
81079794866623611200197589816567778067412330312830677550891854
89507675825801129897979063217056037558997953308009696821846405
47217010300007732461791783125839048101764408743570791664345256
98330998499838646667612739346683444200654767252539466933498311
16780973949757296820874659478967796343821087135160183933954510
67845956513188200669533207910277126443743350324037815761258514
78465486484383504881795243550250967537247197829202475090386979
15027439347438356566344490817205284573539406364284904320084453
70216763889144393171227844919645555801890604876708832721616476
49460524291118076174527523128584186152135726316177696566923308
69786379799854641317003961050458504526889760631939795015292415
12056201651947937688365961114210857142015283698391636694535903
61467311661685305975545745384912601135708645553340829785068822
04151757749559188999443960495938761685887422560526781368654400
51951973379144391309561057128405357624617833475178709402537198
07117191223320946622330126285331622054359614858231991234311559
45680308917613879435531754966142393766699209593825149335468474
76597490594240921868564403009116602112437736698330120676110698
26090893762098995794199801799068266558343247570179141189121425
93980115961776944856964522183212580669914872489993365188734673
90447271475170123678274051999731562434554584763284902241316944
96063891246580243228240528967691641831647594367270827044331907
19397428124655585299360087981743952771378514939989634046257193
56070189951440113586747334256118224975031677903749980156921428

0844675225201005113258240864514242049984327916081494976478 0246
4084728012389535514608763529522877938572890857856985347294 8110
3098516502053709949320908067404382059980202703845504717510 6913
6538348542001079937679606453673948109805387720757212286825 8318
4388742623293598007971053295185514536884351990489672081955 2099
4878548725591036028536430894610202700951150719253718832806 4200
0119575465024328498586407932354629550809802810597202436080 3833
4441025250824053734750857925488257828130719723099164119826 8693
3847314668733902860863705275440417616811978745847322673547 8573
0194941047884843862693040397732021508070004304603167746857 1854
6768797026773827893333638727718751741174362913625820416134 1159
3628133786522615538628280603822232244099823746438598832833 0364
6909304488092116068801815690722300217648463578767831934929 7434
7752876567923556840443700818692843661647327870168498654888 3270
8592437764255958714148576847943038655592340688065723692235 6042
3696638212996170399191948334917989004413483313243319393236 7419
7717186505219617516901214701572663171259608228911178569871 5546
2714631177067738646225098950646095305688913048803038468319 7884
0945133756309733323935911155208547101736925163390747671490 1417
7846377918413747449798211203234026043802081949693211377729 1249
3182072806822326353090141850973828002248340851646129845298 1397
6896881650017458902103531858440710987672387528400757857154 1955
4453955204805409427071702212783770000304755747014989518962 6495
6843841235639111675033050930032153936289355302962814000048 7130
3759002522605454887697715156321241879481058438274198000436 8571
6797904488157840822171208029351587828498555486720695303148 5391
3559076067886982832302597649193369283259784903832415877215 3378
3048141418515984809401448072133510155474656063808795258950 8711
8562464994688253100588943389629815808701009264980710654775 6399
7318555459504709051016368297734443660010926037014879011777 2793
2709591062744084604795086306123413610004559078828542616338 1750
5948669180774790586834965595474865898841782119540317335414 1667
9057989549493771990161580015166258550138915017821890427520 9287
1000567547864423162866930034662970359172518895041084990735 3077
6272425065731745147616402470454826549633455122502335201426 2577
8590142663719736589869310617441385907448494745337651191651 6124
2994594857805331328180155211000696693789548751688566490600 5379

97

05682999217467527632177529704065014789759806514326913252140694
44373100732551862319019182333317958590772749249916648882722658
85622694229023100633238394043789591212505392496622069902374950
24718212208028104763887201622955395788946709489891962333637466
54018889480279154166432982900918801144933437303498761359185195 6
50364985159769822372022494543780338798412996383154144010549523
77428750638320651576418603210537438813942372770019329684339811
23476350145596922292617511468015023884731643383864316730730711
20549097836712395329445733798607280181290907641997371830197552
01457619473418717897470335574540105102918027999327645645742777
59843336153889529499187041423781476885208314627687950038670398 0
64053530019367991981366018862896392159041856020313315475751038
40918829499829122493612463649682287843993507228180054592742182
85384851701550141981353259011850653886447754945854237565154955
13630441715879465321908686357318602821357349809006648381639069
73290081552323141826649354383957690400911605309735807966330140
19887025507805379403410782332241326514023040917174633247203277
24313469906664341254619621015346785350132104690805375474076657
20893055253904805764501768342450824334642469533850333435224492
17243982859659117517445614227514401185153969672951276870308813
36238426277665889570224500855301758993799620026762470231045824
42036661263937734564421814676429975143026225715827190325962617
15813016533470013395444479730070176355159512246296001733471366
47797280858850689497400167468934493555083971907244842247601462
32735753510222784938652272072512223537146539655720047248654352
76789108452937585308200837441534296653908434086492076345650817
69052780072228342573055463379407360496150202766899352354138217
15986500130544837690499629344405008885022580341644488948672500
79060294474467690229417036177223994809766721477877235433178173
36042822439162938974143152474653778695760571643778137441465912
13895789779490898209406214858651358941185195604913982186101678
19976575028706349956127506595627908622148395216115483811686453
59535222863746298705803084822051850712351644613606162683259984
57063487780771106119568715232236195857980745427053554141308439
11683978835262638173306959364044000121574467078063348434428026
68243356899289594427676946170238501867564957518839844376799 69
61400283200165526514548019510583064519419042867757831838388578

39697935870754891623726815960139990648652051220980298099521980
83842575598888795262268241726466809023468093410935567716717729
72779385995369916933462524362323539854504852258156518371349929
01483126461674173577969658426766663241469809938190593167684173
00213469057060141636634357699532021315782116351566611992904579
19325811836887309454185699710877023398289830389924845341254312
94254817371541578979522361263390085380111109927128621798060459
87398452111171905346642343762182204064833688353446292346025285
19069094255258548909925137275339853988784497437108747404395341
86306880688245762391820080495238903310251330563930471120466503
74138547935556723128836672966799229496118475162050551377649505
30174841225123222440249061027249735677616899162088767287141005
34491477098341537281461845364526143408711838427146706846996112
76011501633920709393618876523095526858599073785852536491338490
97994363002274481609627944802785314602438905934861033100316077
76553331202141369245696227655222362764811007546111489209952321
39771336787682431074131881040317571987013880992966393872866049
25227708305634424665595192369649035173838550012677733575139948
09222661083623717051026568687671298869895022525447288327280978
24488358736842479175007797597042493127592285157813710554797938
66689752407313276401075473192725890363716097973319786219416944
12420638330279372573566717632772254705582480818115300956117986
33043004617817073174738838868993031069565046652827639649304 16
16020041405122930226354360245513660533573807623457639036318780
25600284526950089030295521279806574959328452776205734214756296
82479098581528185738542361651451228557071044673314546131973721
07140846694600394953548369325797546510860931513118385726579303
23512996606443005715805740868944528855816795333530538702190882
33875865566590301371153811615615766108118236327924283866068923
53884885249215775066270553180073658365098218007680236461588186
85549978553060486125044585702533967032871718088243340344085755
60814681297861470097492923778795621912020234090744297913999112
79475130920940440010195560660846546259799958407756509886083862
03609507662100829444150826504862473165782523290776876681103120
04360921866673314470640254440192262631253082865623039660883260
67964754453373867342220742324165664247728998397584366615667037
44012675728517041486983159271132976906061480142142870402795104

99

639594945746671542581491275091046048859725520655306819220226054627748630626565978535138763906983620932593596342861606550789366818836448799845250558167525108592335228217236652678266427420031403228653768567349974198667040272084822497814063293662415046530510650065454138689008984245883650805876707743957496825928792032363405506254883736558791163281236506999608368959470952346885473850357949858027175879922666666358261917537143129972741362555188467606526693577264606151537852741351582951316696212564657613836686022272914528390085294751378380722940669633892747084502051870202768106316500005493296267844288166877163912925368326885478658553146844846941995190505298537196141784781003501801913485711127734111729854427503268331302334403753339509923874086247723291307393072915873054373623869858325224801382365884679144394495146759074315020900037851983676664241887707535817387634692983459987953807988540625619106106852290481528205757610341476165718175153418892668809005933581155130444544847644513760275240278234091456894545091880406279683037727959981226715040237319923675678450729391197657531445390685974773520427706181959271164846089269570361542600502363675312832300190911876212998857179393646734099282548074840641997441108818481375981760469836994574613012670367594909656952200236151941270425788930743969913833366092555050918629620513200785277908823695819847685866726688385672658431678505337094076274730467753056544299089679509192329901872273428397964485353410219183183941010320757941878273013501346219959190063481437991220970332249447718568246147543872621642791816584869995664382433771060546443189964156783763310477459526074926641326313082576248610133364335923166825758572779526457044197202323849377932215386947139242541176722124415793863107305610648008757802090233674817840504359106558974895987359178131372067540286099804582980270003977695343763153408936154786098550475693796648453151772816608812156702127203461926328378264477103327558057386986073143973176047589832909647316513342863356322827635434178453886527381850180856953711298808517199162604738160401001793787349418358380549650519414623844241562587244232664568349923205088214508852199637720471355732386339962334574008229079367190174899145746699087686881237298127176710790980153417127268143456826666880363974926473447817873269919203681565213595984347

3049945053452755140492252206774679028469703777191301073659038742860548485310537071220992130311096662807213993193263132314518095696170062935330528648805063347096576868872182588959991037089536588904444602500626832569136037160415557039337111513585948366311865031913660924957447368926094658965466502066743719818817638057788312025742667105960403686519493609685168187681967306095202083755083733386994786095786445639931118705945967786422342356117174894629712746905292585318686837763065017647031845278556432444261184223638142895482147367274360243214653487208870458603137543608319210312841057951719059206139355204399558574820103471449304432663151653366368265158561195755966647432615219558879719623126002946053566177360900889407844696218866540115433791610638450411590545901222103065679593949970575537513214698695775697795130265489988309411217901399478903195248751029960046555155760508292403975199536612156037062081803643321249485987803928965074143135164425898026726476482663259339781312529953013243635637578658030615663761062529209329344446019332303640876899377645846377322358018408684358282908845679127375921528386103861841782364277390474101679067106925022953082160140122630898685035968624958424453518709111958448816735110918344967742519121588949672934817682627070185635882475326735113748693301422610418558520029214112072332342303196973674326790103854157141453341903313425506500151951430504955262667034842974420383298731739594780543875325839481180953506926699905637228970757697609141768047774228148066931225802363535833074048658350848000098478395112818606336838434580141389706878477592484247464200922494548034236476751324250123180219775453467622894435361200571515255355166980293189912631416055577102732846217447689292872897678432680730847124494932255291047182529809017378373945031528232812237786533123440469096534686471490567548529346071344988743222096721394811913290233662220399135562036209544851531640246113683760432626493789710351953317348254334742223741846518517571239197923402308752366548577882205563968686186061808821011607334880959533548194359419022444907831862994992115560369871283487797873939059213186159224613114335291324853332395065878571973142984373307302085372969652887240747033340992474766360145340307722593592405319029345846092725909798685140704616303615766163322604311786331821647064 99

78194271438264616533013682571419374442624706612458819005368220
97777776636039743939097217639330196921505779430020735722710432
87172264975256741888554320432596036957987136875676258723644310
66073039810335102415788124261031709459568829558352097712554723
78005485060215595299109628527757149624739400110219000576061895
75690820351116127507916590069124633526229331329020030646499529
61573549329024372402139578558550200180990876064139097123429096
29520555551168217873873946279998720210108813323327424788345435
14937250794483595610975944643821534961458406537048705339024239
19118393473136076821495107922910664462853348546372901325907909
71957110132844726670062314410953456288091496812545215477779880
76463550432776508599376463658395950868991587993692582915736162
02708149067575760880254436355057577797613867407904637624871525
69271925560089825341289542595620819428021392464926597976764724
33674748870153564561207358519634731535416668833121898153302903
16679345845382379207360613849368846343406225719563706153741530
79634295151851366688326411303577064329006640088901736428086023
28370441720408819903597870664317160806665975665358633177807136
45375488402725832460230045428374837047176204324699215014834708
70009551030298430423772598438898026059843805576973776328658673
19968190887467764284132117999791834740778124802048444681935047
70965373083184702056621297035005764245507532884230264213899643
50413358859286166310358280051933938372398655258027238597481554
41093034634736550237231190897895345376617949145679855189491272
24433425030727027378509290705508443743319796373333186540155763
25920618148592030907382665459055366574455001828436373841498513
06897024092204572120469801787673754915346376518302866148038421
52432650685940565989288065276707581473712770643651148867917800
12274321498973772327669374661281022840060995279076155297496930
25931457431102934673212960054373693848653688424350020656080648
96338585090070215366439105894721490986554082720755346302305774
02134451966667815882834543475124173052922675636340307104380153
22080876647069359402984509613616317780583859492297939333273846
58689617473380292634599472391717779138666541275353182657032105 0
80706711653143127108922791950763402911460180037296338583039717
14880099487518269917492529204927208487133917207094002035166631
04840209892799581594226466058110083923918384962313779863416615

3100225219974653990789385448452680535421477887352037103809 0594
9032616670387262674312077987368952363209398901149523041066 4645
4548611952957978934983692821176906522021376687109203196832 6286
4512575318408972855185246791873185661940947281742263840018 3460
9765606711917220419243827631629221589010753860101666194594 1252
0981908126326816803334787802585288848315330050755762754457 4331
8410569328661145416241555163413432637128429541103822573810 1642
7616167616814955568642930305222546966691292720452292622086 7989
2779247492266949365838151548858801081670369127491864414524 2862
2867595235037210228677302951585773220735237442626222912879 5829
4577996346111198487748979509572647498541291776512601211372 4255
4895725765827493663583870756916656180276727711814048482775 4795
3817469750851298315814744939019065059967217563969641884003 3433
9875891688965080395999096050617669573812309777444883848220 6195
5843860105926736983038716934539941432194443582932581664801 4595
8945541046746420974436929746119145557457039250896525020638 6006
3933260960502271917480936775783596078489233919322112118433 1605
6371567885706622844357505580988826958204606309633694457857 8918
9521110626075100225967096776693175331809230701117986387334 5475
4845342568019947629010625306190069798142752728762928225944 0315
1251141571989375153023303916955520133776804203153596244434 2373
7609560924668351009029639361432987675565012080910702137406 1129
4615215208282693539507343746096887595589882725392650095684 4917
9584039788298077055394264094655216255830681607627113648775 1954
9982112723580714411126225478466114032841920224040802656106 1012
5123644100633595638633109787054313054747069741416256788079 5294
0426579771617352917102857620536796047447493838132412786876 8571
2686807453043205107039416261278352126618807515897883155696 9937
9294473609016687932103410858742489134007414353304342265577 0769
9150752615474709297540289022002038669787700630947853822028 2193
6121285117196923293573467101136104220057681074500329589353 9282
1862767713450076770164407463788372339883740806955060501549 7545
1221090138616561169343503957000293084878459057256176127024 4143
6517752228456943709775955842335324232964056611645673874413 063
3863773357400472799517760305994358436165200773759353404574 7689
0754290707868776386330637807199568753335186825825804119402 8282
0314744611228214364044531466470273643370341274066803567907 5396

14519258621769937044904950612615334279081158082028653037561411
15409643811662307124030564137998618372157068313221533406334975
46935906387918755611753837139859586032397722196878124323588648
59770837175221414946166985743779505138007424649392488815825139
89783167808192426588344442486359315979888954277807876499992569
79316027006773723984981254231614958944697117430575193890779022
87347460472828835557551053790713088141066970651877268725361426
61050616612619305332382796814620844062057937163521938168191505
35477500982932313480686232859070400096055510367295912765667035
75872375682893896071632275122396423131115934356246830326469348
82110443282398738432272155345080468894346622162270202408958784
53769976688284560270155307861124889492710061240287503297437116
03913803954956618035753804339663894512869812721522345204739010
39998767414134424624915312518710097722679967657873528858268412
30630084578953103640935691896877010587312022141294344725102485
28194426805406545287501028814428987382380454065790648747266706
08150140803024447451514046930707746246268333960709952662383552
55976296901080298650334590712602768119853492684821916528503565
85616014817635050032806950402699518926148422796271864468252076
54249637272985781241823901135667814027952286936795248076610620
34450292123921634318230350081370338358101513246230368559217873
51051009220371557122466751789389654809060587517333988559887109
32260282525355573103068945207282541994543825018005056469229457
42305525699987092875390102304882301705439360939304998346262503
65449971333709407813372281547438378010854147861631815603748468
88505175481360437740917665999047980601308743801028778068238645
14030201300275633597532189807199194454011570815074608272001207
39025691740387107151905267725932472475907272582887644427752426
18401014933832844813036926578536865885703957480794470139706211
58989409110127363876494957349612517843669480840027410574492199
98433065809446189100668477444479616482454478132847458441928382
10277000042592517961019755639473822731700370828665685717749010
78300165208269902578543464273347609061823718272799527057259346
72552228558708719767341700859235321471197729889249946185701028
12325437196194142949198878714423026409897809136784336363838927
03010412241741392065601165685588317879705720483664986977902143
05806713022873024032108516605799721245070865042154896234907627

3070655376740255959551002221579187813248105140527453247732094540002101198742124291928965919569333128862150757191311387141804445741071189483261748374776921264281802457096772367149096128153534863672651513008096945162607151039127330026205572170096835476836863359189237860582885483914568971749068967513392744779365256400995006741201083771554293133440146904862434665567830974110418842554597629277624649244749983072699939262796697116021663702061198873836759041235334906619522172022122435459955743822237248316098395322586080621633390237368115895804775394396341695171204642908254069165206396501626974398671540095538567806166170969280554779368328785204389731931992412903896597582831504659009081235609574230282733449556981444424449386293572717761747090248389858480350650036462206786452823741327048082727273688861178603932785208276793525617763803161930938515293500985312738094968078993752868568079430267361585759726388729668862067795174246481505949217460937386845686700122607107066745782413368116923471884423119687176488562048500057284881750301091981195503329133962021119096378947973155702948287808706397077353240119977165854669643315045893721556943102708608784469480025087631211394326338071827350018527062294346595208589865651171703421783915698540862921968909486974353995032711310097096744070846029394948709629327444820056881786027822885761412287191689150658487027988321445894263442522219014054211607637935128170608397748190945936090845901405997137682149864720677727755829517926249633273735402603140124677061841918116390800909115176833482967946578753834753871138715806653768535073052032519664317068852142288498056682157927982989498796698257608036821165956094667813800364022251019413196531462617538665364664838364604876226823472054273354185650259991369120059237542660961151273038417340118951599600034805883593419407583595395159936912749844116532056306910427122788925100259527962248290241295675885963282886388793096509812886054072071255852560902972631215924795535929022987596012986746685577540443221129953514649948020364636110473761446565596149616689110111117091882469362461839553942329267282820677748048438789694429958771510195587184280632576997764161459434573898151935044276562614329824233659311821264793125640955093499766013884370931870166760915886588851895494232731066062445952183312087704869489955527

19192872681679167717159327997027403399815065225515656821515774
38678295543541637100615715418464087296882657939929504823349477
35010788036021800135597464937859222268944214787650708162290451
28805793448559964853294479344407388372655337221943425076664972
48422702897160581526305077461583626304840763616754493011806654
77510653931923610024378330339474431431905477186849978941776692
84508718518864105494403521283576065119384349316639092752043759
35781169098292573242313358545817176781847051629493448125066055
47296068519448095518782595201652534895635622878925438477666406
35091819661357931236728616134041445766099401317441368138838170
32141918317705862465089813257456357411562444053813528445702601
31021650218429769322405854104589120993849580600275398059948569
87127969649517127064268674197404552162043678423809599663072046
91048553648140461629826061302663184133419734976865214752479675
75752378198325020504927621445188030596718780063006399362618428
93918872500347735550148569114106786843215302234512943332061727
26526330981672385298175652165176644668819951691862403097654126
40931500627120652765201555629804337351534568599155128097381596
48418270379757305861049937225842520934231659375649578995630957
62694305389822626377001561582140653267549400031801317981734374
18678475981855336436499577748086844836340378660495686512311576
74426976431779002216811542263821824057909345851911448765293139
34053423357753325074397839579798020669936921468936875748086384
17900068318073351948114288456008987830283629938999457738610046
82019141320587824845060241006019428851012461898889572803762386
48596970141406406028750586607534343195311790310263056820070814
88749156576168507578743453403443461876003176040951124075893295
76115881283273919142664437972999004463060577337637181231892382
88011603090098054450631113074817498864154348456891018819581690
16781630751044744766608832790235342731815077925911559496649285
09501215780493770561165457584966856181549082749591073726889832
92084006280809535539846475677915818022702925850878912504088742
72048249286815328685536159304207397732215289519886181835005425
81600022969028511466226660485382775780852769355700263100810182
25636095388359538504117668228717077610610666298302812277332398
29135073933549409385487179144816729083003498138735230718157818
22796049370705606170415407318951317443513771295324189294471840

38018453002069075015883843727812647687966320110065948060223320
69751396474279537987583197687271337828537514283055225311455566
15308507544003832375110841442170479023521939020304399169729375
14285240842267643303835651104952543821069444100934943801890381
60839633620830159829908908073778470749086916013285939369195187
08873283938097536871099189657509615558407223038651968405702607
70825181842627876135779321150995081203159412512052653406405164
57322185472860569453808728642027934164172941567317053391789024
46964412836735698837308764607687956700235409157975229695855850
76734181523977727401001057537042531936479476414665801647376253
00825794167290550819631840651068853154928782521872724485944707
14462862851981672860395707168694175675643868524062760094237348
01850704403043833444475760975697201880156287241855439710858012
02074372603445423476208953436593905834169553855691220953709059
01208675034550946213700411669062137864394630422193837373535581
93655176308404248519390464322975652567173177647417619671869772
39277489364083897935044453355869480497388323791231124970500663
75158228370809837953156861779011039668044024108029027472455602
09116044730658179865392218282746907744320608055588878489854284
01870979681851071508460051569819393984557452822543659125306709
68584826710803225974254768023551300120385683397586532474665706
06004191295690709549761310185240689927881578670944183026267031
00208406551392353019451041503365097157936630303210113113376782
84277631354918546087684962291071696238098694459917827405065432
14449235578884802481779433256905639695764854308518561452045 8964
38646053963193551939184017523213455502722477482403016679756840
04922473454995110503517662837111618169595455406238894461065054
91363295707649755336161966780133576286928176274439536602855621
58230153112099643905655386030812597902858846286465950425973432
14777912818666831336908701102459007481473660540465477100816 1811
29695014110383470147467778334083830801938149423994828225588489
60508285511895309558404918877769255712745734838752096594860038
70149138725459905371215450283419153968364516255594353680583747
22926185426875918632920797822427264250006329138883589901917099
69846407253456568545810764689107815291167793885081137855696657
74366010618160769244702658809151175219792002811474486509396514
20408886859454781382141770859424216553965919881704081525111381

0644651262356628542770752638783424040343344822252146170463169349842126362319434503231199326173231119567246524941419798800818909247003000891754647329253298293219483111275163742341884092569317315471585437987900342311439745337492675560959031114579363883828846030330071645014319592822261221808918078256252904106610373523041899995561883209895382542885131269893571680359219913389280077236998885789535440278579352342261414351715547383837578548396183621278816747393525079712613635551687737803168517209097456516931338644963970393660779839645111629776307874111590562926478978733196041648436717280504727564039975621013124417076761891702816469820043494645120778980208042850847986917233914145349198504279664600347545477525062834615739122851261967130710076945223254504494795533455053793877259537993993495387134260384635116438483462598498260352917966086676086925846482105288338490697842972012683433469194917720638463148767598268187362289807617121408880686890469060498809013240828395798178001307398699351345488774261716252526978604321916040314646881083128225267521025316007596724891307406097528099344453756051965127231027567102006166736391533744368619522682106560881784982137922206037798160685043337003030364970766460726629301189400765148666601639736802943770642368314552861612003323814355277302850518861623224288982870754305005709124731741327873201011275444184068847223505379688129039875766606957553914008817168388861635232575406646142264097841246379664558155482235804037243445850672118486383447308670614045493417760998349966877693861379042778045210523419732997875820110050576658967505281993264683530958432417199261225956056034308332100004837676114973221537077714396615881250410827587570459724661508135349925879740447138116533214045821736823467550111010924423833593455587237707486046630652890240717863192544006580804245392947182277188352497011753331855596012672540468452618702698112973872672582901679964640896390830621261344399778370283856342181386505703503404455541950716640406187606720907399837102056138633949659369872975602697814529559042875303036613680074360501354662974731080731904937460791249968999941154808993569271101027743742600402541334953190359700753569775368817303932187740513761627934663319860043213079543752362215785856816796262214082848183340482562304546754074607296408568474726988098214849212

5251628100885324670267069840181968377808984373619148119643864010158868293558222623806864931493601324067389477105382104290600543143996402709996532725896589553007384479689538920777814847166495638715930383781225439117726806314270498617422390557078211252221526555998226214821826241572400257933604712023725763875988032748200534266711165150370565245630720957052817934362076923890084309588875620351970901350116228760188566867758347220753438807986802970644543953960104655229537710065338099542062805891719119526868441354422627339491859199450934766337960036547780056527576726436703809853194355013531792514153207382273413840766169814011628732096829454248730834883426694461333750600577508467581804386504699081614810566256257288577493073745873129934109688832820097274390590146919700228582357363964843053817629169291954174348772812670734809704958248102789303722088603893064142210371491393740060442613799376702211374646032436460942038553912194604284645493110679869300624858686710341907314500597063480659673740298697360853767094726326231565600985282011369625490928600581357082387169391492234900190509585171616256730105854247240462371308742680119805943505468835136154503954777181125603880749109296595991967387936161693947836479252693080284820792437857454731943690567441451400540175134189421118023276060738312000888214297459082745336618249079326322260454189032469808940957638624479363498260878460263713291947166353341078099151597866128585930743181439044775012687793368504706464686225695663912516380580083530198667545249215545131209609243930197083481668625274870377424977014203435858507420893728847060082974489411964542762056436266242983295393361085010764743962439910623479091102526495505258166649483057161893221131826217766038491925348309803860179256313609239879292240928760724659028428715388559631561977257880747152475579424907766998189142764634554283732060960644019059720952292140581233149340575105870366789478312150836440502187286638278692813107599981319697721078481070100952795215188586434776454422669928403528327150986629574846369730599956822863440495064353223575804611459876812235521605380130349894894843984754980133673086808558070859063762979361539734521425184322210510632965816025908452220865501043064712815086808316137948239500325161011652750504533301318954923478401637363978571842681735838288184784694820

34059268503149830801950450278064855415436993981722836634053128
42064559854236416337195275502216758454652842071436506249678381
80773280269739225960753675448819910835772566632933401930355118
77253261993893574401765054398629269809574875910147549252628452
11468446373387348364121755914836914967266122362036905279404891
90710591167975741618315784864745334580003759916250418666557741
62938650677606438997462366121653306387852524135761526710069713
92224358923804589610628988061403096838763862774609962370883522
79411511508625624428402394738562618585856187804769062011820771
28527763927435717292665691363408582940648898074414148571105147
68969584311334295890081269940830257318528692049959882331603009
45864408182525392989861887147352068733074507879689127604930387
8530109877217604141...

www.ingramcontent.com/pod-product-compliance
Lightning Source LLC
LaVergne TN
LVHW051707050326
832903LV00032B/4050